LE GOUVERNEMENT

DE JUILLET

ET LA

PAPAUTÉ

—

ÉTUDE RÉTROSPECTIVE

PARIS

E. DENTU, LIBRAIRE-ÉDITEUR

PALAIS-ROYAL, 17 ET 19, GALERIE D'ORLÉANS

—

1865

Paris. — Imprimerie A. Lainé et J. Havard, rue des Saints-Pères, 19.

LE

GOUVERNEMENT DE JUILLET

ET

LA PAPAUTÉ.

<hr>

C'est une page de l'histoire de la question Italienne que nous voulons détacher ici. Vieille déjà de trente ans, elle nous a semblé, cependant, pleine d'actualité.

Au dire même d'un journal (1) qui n'est pas suspect de partialité en faveur de la politique du gouvernement de Juillet, « *ce fut par les*

<hr>

(1) *Siècle*, numéro du 19 novembre 1864. « *La politique autrichienne en Italie.* »

forces morales que la France de la monarchie de Louis-Philippe se rappela au souvenir de l'Italie. » Lorsque de nos jours on fait si souvent appel à l'emploi des *forces morales*, nous avons cru opportun de rappeler les actes de ce gouvernement, les déclarations de ses ministres, les dépêches de ses ambassadeurs, tous ces documents un peu trop oubliés, et un peu trop méconnus aujourd'hui.

I.

Confinées aux deux extrémités de la Péninsule Italique, et comme toutes les révolutions à qui le temps manque pour se pervertir, renfermées dans les limites de réformes constitutionnelles, les révolutions carbonaristes de 1820 et de 1821, à Naples et à Turin, n'avaient pas mis Rome en question. En 1831, pour la première fois, cette question de Rome soulevée par la Révolution se disant l'Italie, la *Question Romaine*, vint se poser devant la France.

C'était au lendemain de la révolution de Juillet. « La volonté du peuple avait renversé un trône et choisi un roi. » Deux grands principes avaient été solennellement proclamés à la tribune française : Liberté au dedans, *non-intervention* au dehors (1); le gouvernement, né seulement de la veille, voulait sincèrement les appliquer.

L'Italie était alors ce que l'avaient faite les traités de 1815. Au nord, le royaume Lombard-Vénitien et le royaume de Sardaigne ; au centre, les Duchés et les États de l'Église ; au sud, le royaume des Deux-Siciles ; du nord au sud, l'influence de l'Autriche : à Turin, par un ministère tout dévoué et par une alliance de famille ; à Parme, à Modène, à Florence, à Naples, par les traités ; à Rome par son attachement bien prouvé au Saint-Siége, l'Autriche dominait partout.

Le contre-coup de la révolution de 1830 s'était fait ressentir dans toute l'Europe. L'Italie, la plus proche et la mieux préparée, avait le plus vivement éprouvé la commotion. La révolution, surtout celle qui réussit, attire la révolution :

---

(1) Voir les discours de M. Laffitte et de M. Casimir Périer, présidents du conseil des ministres, à la Chambre des députés, notamment les 28, 30 décembre 1830 et 18 mars 1831.

Sous le choc, et aussi sur la promesse que les chefs du parti avancé à Paris, se croyant assez forts pour entraîner le gouvernement, avaient donnée « d'un secours peut-être direct de la France, » Modène (1), puis Bologne (2), puis Parme (3), s'étaient soulevées. Voyant l'insurrection s'étendre autour d'elle et menacer ses possessions, l'Autriche en armes, appelée par les souverains contre l'insurrection, avait envoyé quelques bataillons ; la résistance n'avait pas été longue, et Modène, puis Parme, puis Bologne avaient été ramenées à l'obéissance (4).

Tout d'abord le gouvernement français, dès qu'il avait connu le projet manifesté par l'Autriche d'intervenir à main armée, avait protesté : Plus tard, l'insurrection comprimée, il avait formellement demandé le retrait des troupes autrichiennes des États de l'Église ; la Romagne avait en effet été évacuée : mais l'Intervention n'en avait pas moins eu lieu ; tout en protestant, le gouvernement français ne l'avait pas empêchée,

---

(1) 3 février 1831.
(2) 4 février.
(3) 10 février.
(4) Mars.

et l'on pouvait dire que « trois fois il avait renié, avant que le coq chantât, le grand principe qu'il avait proclamé bien haut. »

L'honnêteté d'un gouvernement consiste, non à suivre quand même le texte d'un programme, mais avant tout à ne pas abandonner les grands intérêts du pays qui lui sont confiés. Mais quelque honnête qu'il soit, et le gouvernement de 1830 l'était, il est dur à un gouvernement nouveau de méconnaître, dès le lendemain de son arrivée au pouvoir, le programme politique qu'il s'est tracé aux yeux de tous ; dur à un gouvernement sorti du peuple et de la liberté, d'inaugurer son règne en se donnant l'apparence d'abandonner un peuple qui réclame la liberté à ses côtés. Reculer était pénible et périlleux. Car ceux-là mêmes qui avaient fait le roi, ceux-là, les hommes de 1830, les soutiens du trône à peine établi, allaient être les mécontents : c'était leur programme qui était déchiré ; c'étaient leurs principes qui étaient violés, ces principes pour lesquels ils venaient de soulever une révolution : encore dans la surexcitation du triomphe, considérant le droit de révolution comme sacré partout, rêvant la délivrance du monde entier, ils allaient crier à la trahison !

Le gouvernement le savait ; le gouvernement savait que dans cette contradiction se montrant dès le premier jour entre ses paroles et sa conduite, il donnait contre lui une arme dangereuse aux partis qui auraient voulu faire tourner l'émeute de la veille à leur profit. Et cependant il s'était arrêté dès le premier pas, et il n'avait pas fait un mouvement en avant dans la voie où le poussaient son origine, la sécurité même des débuts de son établissement.

Comment le gouvernement français était-il arrivé à cette politique ? — C'est qu'il avait trouvé devant lui *la Question de Rome*, le premier des intérêts de la France en Italie, le fondement de l'ordre social dans le monde entier : Il avait bientôt lu, sous le nom de Liberté écrit sur le drapeau des Légations révoltées, le mot Démagogie ; il avait deviné ce qu'il ne devait pas deviner plus tard pour lui (les gouvernements comme les hommes sont aveugles quand il s'agit d'eux-mêmes), sous la *Réforme* demandée, la *République ;* il avait entendu, à côté du cri d'indépendance de l'Italie, celui de renversement du Saint-Siége à Rome, du Pouvoir partout. La révolution commençait par Modène et Parme pour arriver à la Ville Éternelle ; à Bologne, un gouvernement provisoire avait été immédiatement installé, et l'autorité du Pape, comme souverain temporel, déclarée abolie en fait et en droit : des bandes s'étaient avancées jusqu'à Otricoli. Il fallait sacrifier Rome ou le principe de non-intervention.

Ainsi placé entre les intérêts du pays et le maintien d'un principe affirmé par le ministère précédent, par lui-même, aux applaudissements des Chambres et dans lequel le peuple souverain de 1830 croyait encore sa gloire de peuple libre engagée, le gouvernement n'avait pas hésité : il avait préféré sacrifier la popularité d'un jour aux intérêts éternels de la France. Il s'était dit : que sans doute bien des esprits, bien des amis peut-être, entraînés par la grande idée, le grand mot de Liberté, aveuglés sur « le point d'honneur », l'accuseraient tout d'abord ; mais qu'éclairés sur le véritable état des choses, sur la portée réelle des événements, ils reviendraient à lui, et que les Chambres le comprendraient. Derrière l'opinion révolutionnaire des hommes de 1830 d'ailleurs, il savait l'opinion profondément catholique de la nation. Et alors le gouvernement avait laissé l'Autriche accomplir l'œuvre qui était dans la politique de la France, à la condition qu'après l'insurrection réprimée l'occupation de l'Autriche ne continuerait pas.

Les accusations, en effet, étaient venues. On reprochait « au roi né d'une insurrection légitime, d'avoir laissé opprimer l'insurrection ; » au gouvernement, « d'avoir entraîné, encouragé le soulèvement par la promesse de la neutralité de l'étranger, et d'avoir ensuite abandonné ceux que l'exemple de la France avait séduits, des hommes qui se faisaient à son image » ; « d'avoir sacrifié au désir de la paix les martyrs de la liberté ; aux traités de 1815, l'honneur de la France. » On qualifiait la politique du cabinet de « système de peur », de « déplorable versatilité ».

Le moment des explications et de la défense arriva à son tour. Le général Sébastiani, ministre des affaires étrangères, se chargea de dénoncer à la Chambre des députés le but de ceux qui voulaient appliquer le principe de non-intervention à l'Italie. « On nous accuse, dit-il (1), « d'avoir abandonné le principe de non-inter- « vention que nous avions posé nous-mêmes sur « des bases larges et protectrices de l'indépen- « dance des nations. Non, nous ne l'avons pas « abandonné ; mais, lorsqu'*au lieu d'en faire*

____

(1) Chambre des députés, séance du 10 août 1831.

« *l'arme défensive des peuples spontanément ren-*
« *trés dans leur indépendance, on a voulu s'en*
« *servir comme d'un levier pour renverser tous les*
« *gouvernements existants*, lorsqu'à l'aide de
« ce principe on a prétendu nous entraîner à
« la guerre universelle, nous avons été forcés
« de le restreindre, de le rendre compatible
« avec l'existence des autres gouvernements.

. . . .

« Mais, dira-t-on, ce principe de non-inter-
« vention professé par vous a trompé les peu-
« ples et les a compromis dans des tentatives
« dont ils sont devenus les victimes ! Eh quoi !
« un engagement de cette nature était-il donc
« un engagement tellement absolu qu'il fallût
« en poursuivre l'application à tout prix, dans
« tous les cas ! Aurait-on voulu nous condamner
« à porter les armes partout où se serait mani-
« festée une insurrection ? . . . .

« *La guerre universelle, c'est, en définitive, le*
« *système de nos adversaires..... Leur principe*
« *de non-intervention ne constitue, à leurs pro-*
« *pres yeux, aucune obligation, car, s'ils veulent*
« *le faire respecter dans un pays* (1), *ils préten-*

---

(1) En Italie.

« *dent le violer dans un autre* (1). *Ce ne sont*
« *point des règles de conduite politique qu'ils*
« *nous offrent ; ce sont des armes qui ne pour-*
« *raient servir qu'à saper tous les principes con-*
« *servateurs de l'ordre social.* . . . . . .

. . . .

« *Il y a des hommes qui voudraient nous en-*
« *traîner à une guerre d'opinion, nous jeter dans*
« *une prétendue alliance des peuples contre les*
« *gouvernements, c'est-à-dire nous mettre dans*
« *la nécessité de n'accorder la paix qu'aux répu-*
« *bliques démocratiques, et tout au plus, par*
« *une faveur spéciale, aux gouvernements repré-*
« *sentatifs.* . . . .

. . . .

« Nous connaissons leur but, leur secrète
« pensée ; ces hommes, dont nous sommes loin
« de confondre les criminelles intentions avec
« les convictions honorables de ceux qui appel-
« lent la complète réparation des injures de
« 1815, *ces hommes travaillent à amener les*
« *bouleversements au dedans par les bouleverse-*
« *ments du dehors. Nous n'espérons ni les ra-*
« *mener ni les convaincre.*

---

(1) En Pologne et en Belgique.

« ..... *Ce qu'ils désirent, nous l'évitons ; ce*
« *qu'ils craignent, nous le recherchons : à défaut*
« *de règles fixes de conduite, leurs exhortations,*
« *leurs craintes et leurs joies suffiraient pour*
« *éclairer notre marche, et pour nous faire aper-*
« *cevoir les abímes où ils voudraient nous jeter.* »

Arrivant aux faits, M. de Montalivet (1), ministre de l'instruction publique, vint ensuite
exposer la situation dans laquelle s'était trouvé
le gouvernement, et les conséquences d'une révolution à Rome.

« ..... Dès le principe de la révolution en
« Romagne, le gouvernement français s'était
« interposé entre le gouvernement papal et les
« insurgés, pour le redressement des griefs jus-
« tes qu'ils auraient à faire valoir. Il avait pensé
« qu'en obtenant de Rome des améliorations
« dans le régime administratif et judiciaire, il
« arrêterait dans son essor une insurrection *qui*
« *ne ressemblait à aucune autre par ses causes*
« *ou ses résultats possibles.* Le gouvernement
« français s'était trompé, et, malgré des pro-
« messes déjà faites par le Saint-Siége, l'insur-

---

(1) Chambre des députés, séance du 15 août 1831.

« rection marcha bientôt vers Rome.. . . . .

. . . .

« Nous croyons d'autant plus nécessaire d'en-
« trer dans des explications nouvelles que l'op-
« position nous paraît avoir négligé l'un des
« points de vue les plus graves sous lesquels il
« faut envisager l'insurrection romaine. Tous
« les orateurs de l'opposition ont parlé à plu-
« sieurs reprises de l'importance politique et
« militaire de l'Italie, et cette importance, ils
« l'ont facilement démontrée par les faits et
« l'histoire à la main. Mais son importance reli-
« gieuse n'est donc rien ? Est-ce chose indiffé-
« rente que le renversement ou le maintien de la
« puissance temporelle du Pape en Italie, dans
« ses rapports avec la puissance spirituelle du
« Saint-Siége ?

. . . .

« Ce que je vais dire ne s'adresse pas à telle
« ou telle croyance religieuse, mais à tous les
« hommes, catholiques ou non, qui, nourris de
« l'histoire du passé, croient à la puissance des
« faits présents, c'est-à-dire aux hommes poli-
« tiques.

« *Une révolution à Rome est-elle une révolu-*
« *tion semblable à celles qui peuvent agiter les*

« *autres États ? L'expulsion du Pape, et surtout*
« *l'anéantissement du pouvoir pontifical peut-il*
« *être seulement considéré comme la chute d'une*
« *couronne, et comme une insurrection locale ?*
« *En un mot, Rome n'est-elle qu'un point mili-*
« *taire ou un champ de bataille sur la carte de*
« *l'Europe ? Non, Messieurs, les questions qui*
« *se rattachent au gouvernement Romain sont*
« *plus élevées.*

   « *Il y a là une question de droit social. Un*
« *événement qui a pour effet de détruire la Pa-*
« *pauté n'est pas un événement renfermé dans la*
« *frontière de la Romagne : c'est un événement*
« *européen ou plutôt universel. Aussi il n'est pas*
« *permis à des hommes d'État de ne pas tenir*
« *compte du centre religieux sur lequel se fixent*
« *les regards de l'Europe civilisée, et dont la*
« *destinée intéresse presque tous les gouverne-*
« *ments. Nul État n'est plus spécialement placé*
« *que Rome sous la sauvegarde du droit des*
« *gens, et il serait difficile de concevoir qu'une*
« *insurrection pût renverser à son gré cette puis-*
« *sance qui ne se défend point par des armées,*
« *mais par des traditions et par des souvenirs.*
« *Il y a matière à de sérieuses réflexions, quand*
« *on songe à des entreprises qui ont pour but de*

« détruire, par la force seule, un pouvoir qui ne
« s'appuie pas sur la force, mais sur une in-
« fluence morale...

« Ne l'oublions pas, Messieurs, des intérêts de
« liberté même tiennent à Rome pontificale. De-
« puis les camps de l'héroïque Pologne jusqu'aux
« villes républicaines de l'Amérique méridio-
« nale, le nom de Pontife romain est respecté
« par des hommes qui n'auraient pas appris sans
« douleur le renversement de son pouvoir, et
« qui, à cette nouvelle, auraient cru avec un sen-
« timent d'inquiétude et d'effroi, que la religion
« se séparerait bientôt chez eux de la liberté.

« Déjà de nos jours nous avons *vu* le Saint-
« Siége renversé, et Napoléon qui, peu d'années
« auparavant, s'était contenté de demander à
« Rome quelque argent et quelques tableaux
« pour sa rançon, lui enleva cette fois, comme
« indemnité de guerre, son souverain pontife et
« sa royauté. Alors, Messieurs, comme nous au-
« rions pu le voir dernièrement encore, le ponti-
« ficat fut exilé de sa capitale ; mais dans quels
« intérêts ? Dans ceux-là mêmes du souverain qui
« l'avait détrôné. Napoléon sentait si bien toute
« l'importance de la question politique et reli-
« gieuse qui gît dans la Papauté, que, s'il la ren-

« versait en Italie, c'était pour l'établir en
« France. Il ne voulait point détruire la puis-
« sance spirituelle, mais lui constituer un autre
« siége, sous sa main : il confisquait Rome au
« profit de Paris. Si d'autres événements aujour-
« d'hui forçaient le Pape à quitter ses États,
« est-ce à Paris, Messieurs, qu'il viendrait cher-
« cher un asile ? Peu d'entre vous le croiraient,
« et vous pensez avec moi que c'est dans une
« autre capitale de l'Europe catholique qu'il
« porterait sans doute son inviolabilité religieuse,
« rehaussée et consacrée de nouveau par la pros-
« cription et le malheur.

« Cette capitale hériterait de la puissance pon-
« tificale, comme Napoléon voulut en hériter,
« avec cette différence que, retenu captif par
« Napoléon, le Pape fut sous sa main un instru-
« ment rebelle et presque dangereux, tandis que,
« réfugié volontaire, il apporterait aux hôtes de
« son choix toute son influence sur de nombreuses
« populations. »

Ce que le gouvernement avait prévu s'était
réalisé. L'Opinion de la France avait compris la
position : amie de l'ordre en face de la révolution, catholique en face du renversement de
la Papauté, monarchique en face de la répu-

blique, elle avait sans hésiter applaudi à la politique du gouvernement. En présence de ce
mouvement de l'opinion publique, après avoir
entendu les explications données par le ministère, la Chambre des pairs (1), la Chambre
des députés (2), chacune dans son Adresse au
Roi, déclarèrent absoudre la politique du cabinet : c'était l'Opinion de 1830 qui se ralliait à
son tour : comme le gouvernement l'avait pré-
sagé, à première vue n'apercevant dans la révolution italienne qu'une question de libertés et
de réformes, son esprit s'était révolté contre la

---

(1) Séance du 10 août 1831.

(2) Séance du 15 août 1831. — Le § 14 de l'Adresse était
ainsi rédigé : « L'occupation des États-Romains par l'Autriche
a justement éveillé la susceptibilité nationale : la retraite, bien
que tardive, de ses armées prouve que le langage de Votre
Majesté a été entendu : une amnistie réelle, l'abolition de la
confiscation, les améliorations dans le système administratif et
judiciaire, sont des bienfaits qui pourront apporter des con-
solations à ces peuples. Nous aimons à espérer que les pro-
messes obtenues par Votre Majesté seront fidèlement accom-
plies ; que l'amnistie sera générale, et que les fers de tous les
captifs seront brisés, et que, si la politique se trouve satisfaite,
l'humanité n'aura plus à gémir. » Le général Lafayette développa un amendement qui, reproduisant en termes plus éner-
giques le paragraphe de la commission, reprochait de plus,
expressément, *l'abandon du principe de non-intervention.*
L'amendement fut rejeté à une grande majorité.

politique adoptée ; mais à la violence des attaques de la gauche, en entendant cette fraction que l'on accusait tout haut de rêver la république (1), demander « si la France avait donc décidé qu'il fallait maintenir le Pape dans sa puissance temporelle (2), » elle avait reconnu la profondeur et la justesse des vues du ministère. Française et monarchique, sinon catholique fervente, elle vit, elle aussi, que le gouvernement avait choisi la bonne voie ; elle déclara vouloir s'y laisser guider.

Dans les séances des 20 et 22 septembre, l'opposition ayant tenté de renouveler la dis-. cussion sur les événements d'Italie, la Chambre des députés (3), sur la proposition de M. Ganneron, décida à la majorité de 221 voix contre 136 que, « satisfaite des explications données par les ministres, et se confiant dans leur sollicitude pour la dignité extérieure de la France, elle passait à l'ordre du jour. » Ce n'était déjà plus l'absolution donnée par l'Adresse : l'ordre du jour motivé était une approbation explicite accordée

(1) Chambre des députés, séance du 12 août 1831.

(2) Discours de M. Cabet à la Chambre des députés le 15 août 1831.

(3) Séance du 22 septembre 1831.

au gouvernement. La Chambre reconnaissait que, comme l'avait dit M. Thiers (1), sans doute « la non-intervention était le vrai principe qui « devait conduire la France : tout pays qui con- « naît bien la liberté doit proclamer le principe « que l'on n'a jamais le droit d'intervenir dans « un autre pays, pas plus pour y apporter la li- « berté que pour y apporter un joug ; car la li- « berté n'est un bon fruit que quand il est naturel. « *Mais à côté des termes généraux dans lesquels* « *le principe avait été proclamé, se trouvait le bon* « *sens qui devait, avant tout, faire entendre sa* « *voix.* Quand l'Angleterre avait, avant la France, « proclamé ce principe, elle avait fixé en même « temps une sorte de jurisprudence, en décla- « rant qu'elle interviendrait *quand son intérét* « *serait lésé ;* que dans tout autre cas elle se con- « tenterait de désapprouver. »

Avec M. Thiers et M. Guizot, qui n'étaient alors ministres ni l'un ni l'autre, la Chambre avait senti que l'intérêt de la France était de soutenir la Papauté. « *Il y a en Italie,* « disait M. Thiers à la Chambre des députés « le 20 septembre 1831, *un autre intérét grave ;*

___

(1) Chambre des députés, séance du 20 septembre 1831.

« *c'est celui du catholicisme, et quelque con-*
« *fiance que nous ayons en nos principes, il y a*
« *encore là une puissance qui est un principe*
« *elle-même, et avec laquelle il ne faut pas se*
« *mesurer. La révolution française ne fut pas*
« *prudente sur ce point, et elle vit s'il était bon*
« *d'attaquer le principe qui est à Rome.*

« *Napoléon s'en aperçut bien, et cette faute*
« *l'affaiblit beaucoup dans ses dernières an-*
« *nées.* »

« *Il y a eu de tout temps*, avait dit M. Guizot
« le même jour, *deux conditions fondamentales*
« *à l'influence de la France en Italie :* la pre-
« mière c'est son alliance avec quelques-uns des
« gouvernements italiens, un point d'appui fer-
« mement préparé dans certaines cours, dans
« certains gouvernements. C'est à Turin et à
« Rome que la France avait trouvé au dix-sep-
« tième et au dix-huitième siècle les bases de
« son influence.....

« Quant au deuxième moyen d'influence de
« la France en Italie, on a parlé de la Papauté.
« Messieurs, ce n'est pas seulement en s'alliant
« avec la cour de Rome, en étant bien avec elle,
« que la France avait acquis de l'influence en
« Italie. Il faut se rappeler un fait plus général.

« *Depuis le dix-septième siècle, la France a été*
« *la tête du catholicisme en Europe. La politi-*
« *que du catholicisme occidental et méridional*
« *s'est, depuis deux cents ans, rattachée à la*
« *cour de France :* c'est autour de la cour de
« France que l'Espagne, l'Italie, la Belgique et
« tous les États catholiques de l'Occident de
« l'Europe ont tourné. La France a trouvé là
« un grand moyen de force. .   .   .   .   .   .

.   .   .   .   , ...

« . . . *C'est en qualité de chef du catholicisme*
« *en Europe que la France, depuis ces deux der-*
« *niers siècles, eut particulièrement en Italie une*
« *immense influence.* »

Et, dans la bouche d'un député *protestant*,
cette recommandation d'une politique *catholi-*
que avait doublé de force : cette politique catholique avait apparu la véritable politique de la
France. Le principe de la Papauté passait avant
le principe de non-intervention.

Et, dans cette voie, la marche fut rapide, le
gouvernement constatant chaque jour avec plus
de certitude, par les événements, que la route
où il s'était engagé était la route sûre qui l'éloi-
gnait des abîmes.

II.

A la suite de la répression des troubles de
1831, encouragé par la France et les grandes
puissances (1), le Saint-Père, voulant ramener
le cœur de ses sujets, avait, en effet, accordé
aux Légations des réformes nombreuses : et
Bologne, cependant, et toute la Romagne, sous
le prétexte que les concessions faites en vertu
d'un *motu proprio* pouvaient être révoquées
par un autre *motu proprio* (comme toutes les
concessions partout), refusaient d'obéir à ses
ordonnances, de porter ses couleurs, de recevoir ses troupes et de désarmer leurs gardes
civiques. Cet état de rébellion ouverte contre
l'autorité légitime ne pouvait être toléré par
le gouvernement même le plus paternel. Le
Saint-Père avait donné l'ordre aux chefs de ses
forces militaires qui se trouvaient à Ferrare et

____

(1) *Memorandum* du 21 mai 1831.

à Rimini, de se rendre, avec les corps sous leur commandement, dans les villes et légations de Bologne, de Forli, de Ravenne, et dans la partie de la légation de Ferrare, qui n'avait pas encore de troupes de ligne pour l'occuper. Le cardinal Albani avait été investi du pouvoir de commissaire extraordinaire pontifical pour faire exécuter ce mouvement sous sa direction, faire déposer les armes aux gardes civiques qui devaient être dissoutes, prendre les mesures nécessaires afin de remettre en vigueur l'obéissance aux lois, l'autorité des fonctionnaires publics, enfin rétablir l'ordre. Une note circulaire, destinée à expliquer les faits, venait d'être, à la date du 10 janvier 1832, adressée par le cardinal Bernetti, secrétaire d'État de Sa Sainteté, aux ministres des quatre cours de France, d'Autriche, de Prusse et de Russie.

« Sa Sainteté, disait en terminant la circu-
« laire, veut porter par anticipation toutes ces
« déterminations à la connaissance des repré-
« sentants des cours qui, à l'époque de la révo-
« lution dans les États pontificaux, lui ont
« donné des preuves non équivoques de leur
« intérêt et des témoignages positifs de leur
« ferme volonté de maintenir Sa Sainteté *dans*

« *la plénitude de sa souveraineté sur la totalité*
« *de ses États.*

« Le Saint-Père se flatte que ces mêmes cours
« approuveront pleinement les déterminations
« qu'il a prises, et que la soumission entière et
« volontaire de ses sujets des légations répondra
« aux vœux et aux sollicitudes de son cœur pa-
« ternel. Mais si, contre toute attente, ses trou-
« pes et ses déterminations souveraines rencon-
« traient quelque résistance, Sa Sainteté compte
« sur les secours dont elle pourrait avoir besoin
« pour faire prévaloir sa légitime autorité. »

L'ambassadeur de France, M. le comte de
Saint-Aulaire, s'empressa de faire à cette note
la réponse suivante :

« Dans sa vive sollicitude pour la gloire du
« Saint-Siége et pour la tranquillité de l'Italie,
« le gouvernement du roi des Français a suivi
« avec un intérêt soutenu les travaux législatifs
« annoncés par le gouvernement de Sa Sainteté
« dans la note du 25 juin 1831... Il a pris suc-
« cessivement connaissance *de l'édit du* 1ᵉʳ *juin*
« *par lequel le Saint-Père confie à des laïques*
« *l'administration de plusieurs de ses principales*
« *provinces; de celui du 5 juillet qui organise*
« *dans l'état ecclésiastique des administrations*

« *municipales et provinciales; de ceux des 5,*
« *3 1 octobre et 5 novembre, qui introduisent dans*
« *l'administration de la justice civile et criminelle*
« *tant d'importantes et utiles réformes ; de ceux*
« *du 1 1 juin et du 2 1 novembre qui fondent un*
« *nouveau système en matière de finances, sou-*
« *mettent les recettes et les dépenses au contrôle*
« *de la publicité, et placent les intérêts des con-*
« *tribuables et des créanciers de l'État sous la*
« *surveillance d'hommes aussi recommandables*
« *par leurs lumières que par leur haute position*
« *sociale.* Si quelques parties de cet immense
« travail restent incomplètes et semblent encore
« susceptibles de modifications, le Saint-Père,
« soigneux de perfectionner son ouvrage, se
« propose d'y pourvoir, et il a provoqué d'a-
« vance les lumières d'une sage critique. Ainsi
« l'article 247 du nouveau règlement sur la pro-
« cédure « enjoint à tous les tribunaux de pré-
« senter dans le plus bref délai à la Secrétairerie
« d'État toutes les améliorations et réformes
« qu'ils jugeront nécessaires. » Ainsi, dans une
« circulaire jointe à l'édit du 5 juillet, il était
« dit : « que les conseils provinciaux pourraient
« exposer les vœux des peuples et soumettre
« leurs propres observations sur les diverses

« parties de la nouvelle réforme, le Saint-Père
« étant disposé à accueillir les demandes de ces
« conseils qui ne seraient point préjudiciables à
« sa souveraineté. »

« En portant à la connaissance de son gouver-
« nement ces actes d'une haute et paternelle sa-
« gesse, le soussigné n'a pu lui laisser ignorer
« qu'ils n'avaient point été accueillis dans les
« Légations *avec la reconnaissance unanime*
« *qu'ils semblaient devoir inspirer*. Les édits con-
« cernant les réformes administratives et judi-
« ciaires n'ont pas même été publiés, et dans
« quelques lieux ils ont été outrageusement la-
« cérés. L'autorité légale des mandataires du
« souverain légitime a été manifestement mé-
« connue, et des actes contraires à leurs instruc-
« tions leur ont été imposés ; les caisses publi-
« ques ont été violées et les deniers de l'impôt
« détournés de leur emploi. La garde civique,
« oubliant le principe fondamental de son insti-
« tution, s'est transformée en corps délibérant,
« et s'est crue appelée à proposer au souverain
« une espèce de contrat à l'adoption duquel elle
« subordonnait son obéissance. Il était du de-
« voir du soussigné de signaler ce triste état de
« quelques provinces du Saint-Siége constituées

« en véritable révolte. On apprendra donc sans
« surprise en France la résolution annoncée par
« S. Ém. le secrétaire d'État, de dissoudre les
« gardes civiques pour les recomposer dans un
« autre système, et celle de remplacer ce moyen
« de force publique, devenu malheureusement
« insuffisant pour maintenir l'ordre public, par
« des troupes de ligne qui ont reçu l'ordre d'en-
« trer dans les Légations. Au moment où le Saint-
« Père use de ce droit incontestable de souve-
« raineté, il daigne promettre à ses sujets égarés
« une amnistie pour les actes illégaux auxquels
« ils auraient pu se laisser entraîner depuis le
« 15 juillet dernier. Le soussigné ne doute point
« que ce nouvel acte de clémence ne concilie
« tous les cœurs au Souverain Pontife, et que
« l'exécution de ses ordres ne rencontre une
« soumission immédiate et non conditionnelle
« de la part de toutes les classes de la popula-
« tion.

« *S'il arrivait cependant que dans leur mission*
« *toute pacifique, les troupes exécutant les ordres*
« *de leur souverain rencontrassent une résistance*
« *coupable, et que quelques factieux osassent*
« *commencer une guerre civile aussi insensée*
« *dans son but que fatale dans ses résultats,*

« *le soussigné ne fait nulle difficulté de déclarer*
« *que ces hommes seraient considérés comme les*
« *plus dangereux ennemis de la paix générale*
« *par le gouvernement français, qui, toujours*
« *fidèle à sa politique tant de fois proclamée sur*
« *l'indépendance et l'intégrité des États du Saint-*
« *Siége, emploierait au besoin tous les moyens*
« *pour les assurer.* »

Il était impossible de tenir un langage plus explicite. Mais le gouvernement français ne devait pas se borner à de simples paroles. Persistant dans leur révolte, les Légations avaient de nouveau couru aux armes : les troupes pontificales et les gardes civiques de Bologne et des autres villes s'étaient rencontrées dans les plaines de Césène (20 janvier 1832). Défenseurs vigilants du Saint-Siége qui les appelait à son secours, les Autrichiens avaient repassé immédiatement la frontière : on venait d'annoncer leur entrée dans Bologne. Le gouvernement français décida tout à coup d'envoyer aussi une expédition dans les États de l'Église; et l'on apprit presque en même temps que les troupes françaises avaient occupé Ancône (23 février).

Cette fois, ce n'était plus l'Autriche, c'était le gouvernement français qui lui-même foulait aux pieds le principe de non-intervention. Mais aussi les résultats du principe de non-intervention, appliqué à l'Italie, avaient été reconnus par l'opinion comme par le gouvernement; le pays, comme les ministres, savait maintenant ceux (1) qui voulaient son application et ce qu'ils voulaient par elle.

Suivant l'habitude cependant, la première pensée avait été d'accuser le Pape et l'Autriche.

« Messieurs, disait M. Guizot à la Chambre des
« députés le 7 mars 1832, quand a éclaté l'insur-
« rection de la Romagne, la première, et j'ajou-
« terai même la seconde, vous savez que l'opi-
« nion générale qui vous a saisis a été que c'était
« une manifestation d'un vif esprit de liberté,
« que ces populations voulaient avoir des insti-
« tutions nouvelles, que les concessions offertes
« ou même données par le gouvernement n'é-
« taient pas suffisantes...

« Puis on a dit tout de suite qu'il s'agissait
« d'une grande intrigue de la part de l'Autriche,
« d'une intention de conquête, et que son inter-

---

(1) Voir le discours de M. Ledru-Rollin à la Chambre des députés, séance du 18 mars 1844.

« vention dans la Romagne n'était qu'un pré-
« texte pour s'emparer de cette possession, et
« l'ajouter à ses possessions dans l'Italie.

« Je ne crois, je dois le dire, ni à l'un ni à
« l'autre fait. Je ne crois pas que ce soit le be-
« soin général et vivement senti d'institutions
« libres qui ait soulevé la Romagne. Il y a là, à
« mon avis, une question beaucoup plus pro-
« fonde, beaucoup plus difficile à résoudre. Je
« ne crois pas aux intrigues autrichiennes pour
« conquérir Bologne, et l'ajouter aux autres
« possessions de l'Autriche en Italie.

. . . .

« *Il y a un parti, une faction qui a besoin*
« *d'une guerre générale, qui n'a d'espérance, de*
« *chance, que dans une collision universelle.*
« *Eh bien! on avait espéré que cette collision*
« *naîtrait de la Belgique, elle a manqué; on*
« *l'avait espéré de la Pologne, elle a manqué.*
« *On la cherche en Italie.* »

Ce que croyait M. Guizot était devenu la
croyance de tous.

Dans l'occupation d'Ancône il y avait bien
un peu une pensée de défiance vis-à-vis du
cabinet de Vienne : il y avait surtout la pensée
de la défense du gouvernement de Rome; la

France assurait son influence à côté de celle de l'Autriche : elle assurait avant tout le Saint-Siége contre la révolution. C'est à la première idée que les politiques s'attachèrent ; c'est à la seconde que l'opinion publique en France alors s'arrêta : c'était celle qui la préoccupait, ce fut celle que le gouvernement développa devant les Chambres.

Les faits qui avaient accompagné l'occupation d'Ancône, le fait lui-même de l'occupation, avaient dû, malgré les professions de foi du gouvernement à l'égard du Saint-Siége, jeter dans les esprits quelques doutes sur le véritable but de l'expédition. Ancône n'était pas rebelle : c'était aux troupes pontificales que les troupes françaises avaient enlevé la citadelle ; c'était sans l'assentiment de Rome que la prise de possession avait eu lieu : le Saint-Père protestait, incertain encore si c'étaient bien des alliés qui s'introduisaient ainsi par la force ; le parti avancé en Italie criait : Vive la France ! — Ce caractère extérieur de violence, cet accueil inattendu, avaient quelque chose d'énigmatique, dont l'opinion s'était émue. L'opposition espérant créer un embarras au cabinet, trouver peut-être une occasion d'exciter l'esprit public contre la Papauté, réclamait des explications. Le cabinet les refusa : il ne crut pas avoir besoin de se justifier d'avoir violé le principe de non-intervention; il sentait qu'une simple déclaration, qui affirmât la continuation de sa politique bienveillante pour le Saint-Siége, suffisait à l'Opinion.

M. Casimir Périer, président du conseil, monta à la tribune(1): « *A l'égard de l'Italie,* Messieurs, « dit-il aux députés, *la politique de la France...* « *est dans la nature des choses. Comme puis-* « *sance continentale, comme puissance appelée* « *à protéger des intérêts catholiques, la France* « *doit à la fois maintenir, d'une part, l'intégrité* « *du territoire du Saint-Siége qui constitue au* « *centre de l'Italie une indépendance intermé-* « *diaire, garantie de celle des États voisins, et,* « *de l'autre, l'autorité temporelle du Pape, qui* « *importe à l'influence même et au libre exercice* « *de son autorité spirituelle. . . . . . .*

. . . .

« Fidèle à sa politique, telle que nous venons « de la décrire, le gouvernement, dans son in-« térêt, comme dans celui du Saint-Siége, et

---

(1) Chambre des députés, séance du 7 mars 1832.

« dans celui de la paix..... a envoyé des troupes
« à Ancône.

« ..... Le moment des explications n'est pas
« venu : la sagesse de la Chambre appréciera
« notre réserve. .   .   .   .

« ..... Nous avons exposé les principes qui nous
« faisaient agir; c'est vous dire quelle sera la
« règle de notre action. .   .   .   .

.   .   .   .

« Comme notre expédition de Belgique, notre
« expédition à Ancône, conçue dans l'intérêt
« général de la paix, aussi bien que dans l'inté-
« rêt politique de la France, aura pour effet de
« donner une activité nouvelle à des négo-
« ciations auxquelles concourent toutes les
« puissances pour assurer à la fois *la sécurité*
« *du gouvernement pontifical et la tranquillité*
« *de ses États par des moyens efficaces et du-*
« *rables*.

« Ainsi, Messieurs, la présence de nos soldats
« en Italie aura pour effet certain de contribuer
« à garantir de toute collision cette partie de
« l'Europe *en affermissant le Saint-Siége*, en
« procurant aux populations italiennes des avan-
« tages réels et certains, et en mettant un terme
« à des interventions périodiques, fatigantes

« pour les puissances qui les exercent, et qui
« pourraient être un sujet continuel d'inquié-
« tudes pour le repos de l'Europe. »

Cette déclaration, accueillie par les « marques
réitérées d'assentiment » de l'assemblée, le cabinet la renouvela encore le lendemain. Dans la
séance du 8 mars, ramené par les interpella-
tions de l'opposition à la question d'Italie,
M. Casimir Périer confirmait en ces termes ses
paroles de la veille. Parlant d'abord des événements de 1831 : « La conduite que nous avons
« tenue, disait-il, en 1831 à l'égard de l'Italie,
« nous était commandée par l'intérêt de la
« France, comme puissance continentale, et
« comme ayant à protéger des intérêts religieux
« considérables dans la nation, intérêts que,
« tout en séparant l'influence temporelle de l'in-
« fluence spirituelle, il nous importait de proté-
« ger dans la personne du chef de l'Église, afin
« de prouver que notre gouvernement est non-
« seulement le protecteur des intérêts matériels,
« mais le protecteur des *intérêts moraux,* des
« *intérêts religieux,* de ces *sentiments qui ne*
« *doivent jamais disparaître dans une nation...* »
Puis, arrivant à l'expédition d'Ancône, il répétait : « Nous avons formellement déclaré que

« notre but, par cette démonstration, était *d'ar-*
« *river à faire cesser des désordres* qui ame-
« naient des interventions périodiques, et par
« une satisfaction accordée à des intérêts légi-
« times, *de donner plus de force à l'autorité du*
« *Saint-Siége, que, dans nos principes comme*
« *dans nos intérêts religieux, nous devions main-*
« *tenir.*

« Ainsi, le but de notre démarche est de hâ-
« ter des négociations qui doivent contribuer,
« ainsi que nous l'avons explicitement déclaré,
« à donner assez de puissance au Pape pour
« qu'il puisse *gouverner sans inquiétude inté-*
« *rieure et sans appui étranger.* »

La gauche exclama bien que « notre armée
allait devenir la gendarmerie de l'Europe (1) ! »
Mais la Chambre, comme l'Opinion, se déclara
satisfaite, et quand vint la discussion de l'A-
dresse, l'accord entre le gouvernement français
et la cour de Rome étant bien établi (2), la
Chambre des pairs (3) ne souleva même pas la
question d'Italie, et la Chambre des députés ne

---

(1) Discours de M. Garnier-Pagès. Chambre des députés,
séance du 9 mars 1832.

(2) Convention du 16 avril 1832.

(3) Novembre 1832.

voulant pas rouvrir les débats sur un sujet désormais jugé pour elle, repoussa l'amendement du général Lafayette qui voulait la raviver (1). Ni l'une ni l'autre des deux Adresses ne parla de l'Italie : l'Opinion était assurée que le gouvernement veillait aux intérêts du Saint-Siége ; elle était rassurée sur les intérêts de la France et de la Religion.

L'opposition essaya plus tard de dénaturer le caractère de l'expédition d'Ancône. Sept années de calme semblaient avoir éloigné le danger d'une révolution nouvelle dans les États de l'Église. L'occupation étrangère n'avait plus de raison d'être ; le Saint-Père avait demandé à la France et à l'Autriche de la faire cesser, et dans les derniers mois de l'année 1838, en même temps que le gouvernement autrichien faisait retirer ses troupes, le gouvernement français avait donné l'ordre à la garnison d'Ancône d'évacuer la place. Dans les deux Chambres, des voix rivales, ou hostiles au cabinet Molé, lui reprochèrent d'avoir exécuté les traités (2) sans

____

(1) 3 décembre 1832.
(2) La convention du 16 avril 1832 disait simplement :
Art. 4. « Aussitôt que le gouvernement papal n'aura plus

demander au Pape les garanties, « *conséquence
de notre occupation* », qui devaient assurer à
l'avenir la tranquillité de ses États, et ces garanties, conséquence de notre occupation, c'é-
taient, au dire de l'opposition, des institutions
libérales. Mais, dans les deux Chambres (1), la
majorité, expression de l'opinion publique, ré-
tablissant par son vote le véritable caractère de
l'intervention, dévoilant le but réel de la discussion, déclara approuver formellement la conduite du gouvernement (2), parce que ces garanties n'avaient pas été l'objet de l'occupation,
que c'était une défiance menteuse contre le
Saint-Siége, sous laquelle se cachait le prétexte
de conserver indéfiniment contre l'Autriche une

---

besoin des secours qu'il a demandés aux troupes impériales, le
Saint-Père priera S. M. I. Apostolique de les retirer ; en même
temps les troupes françaises évacueront Ancône par eau. »

(1) Chambre des pairs, séances des 27 et 28 décembre 1838.
— Chambre des députés, séances des 12 et 14 janvier 1839.

(2) Le projet d'Adresse, dirigé par les anciens cabinets *coa-
lisés* contre le cabinet actuel, exprimait formellement le « regret que l'évacuation ne se fût pas effectuée avec les garanties
que devait stipuler une politique sage et prévoyante. » Le paragraphe fut rejeté et remplacé par un amendement de MM. de
Jussieu, de la Pinsonnière et de Belleyme, complétement ap-
probatif de la politique du gouvernement, c'est-à-dire de
l'évacuation sans conditions.

position militaire en Italie, le prétexte surtout à des personnalités ambitieuses de critiquer des successeurs enviés, de ressaisir peut-être un portefeuille échappé ; parce qu'enfin ces garanties étaient inutiles, le but ayant été atteint.

Et, en effet, malgré les prophéties menaçantes de l'opposition, malgré « *cette grande témérité* », comme on disait, cette folle présomption de lui-même, le Saint-Siége n'eut pas besoin de recourir de nouveau à l'intervention étrangère pour maintenir la tranquillité dans ses États. Quelques mouvements sans importance, à Bologne (1) et à Rimini (2), réprimés immédiate-

---

(1) Au commencement du mois d'août 1843, « des proclamations emphatiques appelèrent le peuple italien à prendre les armes an nom des principes les plus exaltés du carbonarisme et du communisme. On fit courir le bruit que les Français, arrivant en libérateurs, débarquaient à Ancône, et quelques malheureux jeunes gens, entretenus dans de dangereuses illusions par leurs rapports avec les réfugiés politiques de Naples et de Paris, tentèrent, à la tête de quelques centaines de bandits et de contrebandiers, un mouvement bientôt réprimé par les carabiniers pontificaux et les troupes suisses. Après avoir échoué à Bologne, qu'ils avaient essayé de surprendre, les révoltés se dirigèrent sur Imola. Repoussés encore ils se dispersèrent dans les montagnes où ils furent traqués par les volontaires. »

(*Annuaire historique*, 1843.)

(2) Le 23 septembre 1845, deux ou trois bandes *d'étrangers*

ment par les troupes pontificales, prouvèrent que la Révolution avait perdu sa force principale en acquérant la certitude qu'elle n'avait pas à espérer l'appui de la France.

Voilà ce que faisait le gouvernement de Juillet, en France et en Italie.

Et cependant il n'était pas, et il n'a jamais

---

auxquels se joignirent quelques sujets du Saint-Siége, débarquèrent à Rimini. (*Moniteur* du 10 décembre 1845.) « Restés maîtres dans cette ville, les agitateurs y établirent un simulacre de gouvernement. A l'approche des troupes pontificales, le désordre se mit parmi les révoltés qui ne pensèrent plus qu'à leur propre salut. En effet, après avoir pris tout l'argent des caisses publiques et même des dépôts particuliers, abandonnant leurs armes et tous les objets d'équipement qu'ils s'étaient appropriés à Rimini, ils prirent la fuite précipitamment dans des directions diverses, les uns par le chemin des montagnes, les autres par mer, grâce à quelques barques de pêcheurs qui se trouvaient dans le port.

La cité de Rimini s'empressa d'expédier immédiatement une députation au commandant des troupes et au cardinal légat, pour assurer que la population aspirait à voir rentrer les troupes libératrices dans ses murs, et exprimer les sentiments de profond regret dont la fidèle cité de Rimini était pénétrée par suite de ce fatal événement. Le matin du 27, les troupes pontificales entrèrent à Rimini, et ainsi fut mis un terme à l'anarchie qui, pendant trois jours seulement, avait régné dans cette ville. »

(*Annuaire,* 1845.)

passé pour être un gouvernement clérical. Mais il marchait avec l'Opinion Publique ; et il se laissait exclusivement diriger par l'Intérêt de la France.

III.

Quels furent les résultats de cette politique ?

Grégoire XVI était mort le 1er juin 1846. Le cardinal Mastaï Ferretti, évêque d'Imola, qui s'était toujours fait remarquer par une haute intelligence et une piété exemplaire, venait d'être élu et solennellement proclamé sous le nom de Pie IX (16 juin 1846).

En 1845, en même temps que l'émeute éclatait à Rimini, un document secret avait été répandu dans les Légations sous le titre de *Manifeste des populations de l'État Romain aux princes et aux peuples de l'Europe*. C'était le procès fait à tous les Souverains Pontifes depuis Pie VII jusqu'à Grégoire XVI. Toutes les révolutions qui avaient éclaté dans les États du

Saint-Siége, y étaient attribuées uniquement au refus persistant des Papes d'accorder les réformes demandées par les populations.

« On nous reproche, disait en terminant le manifeste, de demander des réformes civiles, les armes à la main ; mais nous supplions tous les souverains de l'Europe et tous les hommes qui siégent dans leurs conseils, de considérer que l'impérieuse nécessité nous y contraint ; que nous n'avons aucun moyen légal de manifester nos vœux, ne possédant ni représentation publique quelconque, ni même le simple droit de pétition, et réduits à un tel état de servitude, que la demande, la plainte, sont tenues pour crimes de lèse-majesté.

« *Nos vœux sont purs :* ils ont en vue la dignité du trône apostolique, aussi bien que les droits de la patrie et de l'humanité.

« Nous vénérons la hiérarchie ecclésiastique et tout le clergé, nous avons l'espoir qu'il reconnaîtra la noble essence de civilisation que renferme le catholicisme. Aussi, *pour que nos vœux ne soient pas interprétés d'une manière sinistre par l'Italie et par l'Europe, nous proclamons hautement notre respect pour la souveraineté du Pontife comme chef de l'Église uni-*

verselle, sans restriction ni condition ; quant à
l'obéissance qui lui est due comme souverain
temporel, voici les principes que nous lui don-
nons pour base et les demandes que nous for-
mulons :

« Qu'il accorde une amnistie à tous les pri-
sonniers politiques depuis 1821 jusqu'à ce
jour ;

« Qu'il donne un Code civil et criminel mo-
delé sur ceux des autres peuples de l'Europe,
consacrant la publicité des débats, l'institution du
jury, l'abolition de la confiscation et celle de la
peine de mort pour les délits de lèse-majesté ;

« Que le tribunal du Saint-Office n'exerce aucune juridiction sur les laïques, et que ceux-ci
ne soient plus soumis à la juridiction des tribunaux ecclésiastiques ;

« Que les causes politiques soient jugées par
les tribunaux ordinaires et d'après les formes
communes ;

« Que les conseils municipaux soient élus li-
brement par les citoyens, et les choix approu-
vés par le souverain ; que ces conseils élisent
des conseils provinciaux sur liste triple, pré-
sentée par les conseils municipaux, et que le
conseil suprême d'État soit nommé par le sou-

verain, sur les listes présentées par les conseils provinciaux ;

« Que le conseil suprême d'État, résidant à Rome, ait la haute surveillance des finances et de la dette publique, qu'il ait voix délibérative sur les recettes et les dépenses de l'État, et voix consultative sur les autres objets généraux ;

« Que tous les emplois et dignités civils et militaires soient donnés aux séculiers ;

« Que l'instruction publique cesse d'être soumise aux évêques et au clergé, l'éducation religieuse leur étant exclusivement réservée;

« Que la censure de la presse soit restreinte au soin de prévenir les injures à la Divinité, à la religion catholique, au souverain et à la vie privée des citoyens;

« Que les troupes étrangères soient licenciées ;

« Qu'il soit institué une garde urbaine qui sera chargée du maintien de l'ordre public et de l'observation des lois ;

« Enfin, que le gouvernement entre dans la voie de toutes les *améliorations sociales que réclame l'esprit du siècle*, et qui sont pratiquées par les autres gouvernements de l'Europe. »

C'est par ces protestations de respect et de

dévouement que la Révolution, qui alors croyait encore avoir besoin d'un masque pour attaquer la Papauté, essayait une fois de plus de tromper l'Europe et d'entraîner les populations. Orsini, le futur député romain de 1849, Orsini, le futur assassin de 1858, avait été arrêté en 1845 au moment où il complotait le mouvement : le caractère des révolutions peut se juger par le caractère de ceux qui les préparent.

Mais en 1846, Pie IX, nouveau Souverain Pontife, croyait encore de son côté à la sincérité des demandes de réformes; il voulait y croire, heureux de pouvoir réaliser les plus ardents désirs de son cœur libéral. Prenant pour point de départ le manifeste de 1845, comme l'expression complète des vœux des partis même les plus avancés, le Saint-Père se mit immédiatement et résolûment à l'œuvre réformatrice.

Le premier acte de Pie IX fut de proclamer une amnistie politique (1), établie sur les plus larges bases; la seule condition exigée des condamnés ou réfugiés qui voulaient en profiter, était celle de s'engager sur l'honneur « à ne pas en abuser dans l'avenir. » Les commissions ex-

______

(1) 16 juillet 1846.

traordinaires instituées dans les provinces furent dissoutes, et ordres donnés que tous les procès pour délits politiques fussent suspendus.

L'attention du Saint-Père se porta ensuite sur l'administration de la justice civile et criminelle. Pie IX confirma la commission de jurisconsultes chargés par Grégoire XVI de proposer les améliorations qui seraient jugées nécessaires dans les lois pénales et la procédure criminelle. Mais il voulut étendre le travail de la commission à l'examen des règlements et lois en matière civile, afin d'y introduire également les améliorations et les modifications dont les tribunaux de Rome et des provinces auraient démontré l'utilité. Dans ce but, Sa Sainteté adjoignit aux membres de cette commission un certain nombre de jurisconsultes choisis parmi les plus éminents (1).

Une autre commission, également composée en partie de laïques, fut chargée en même temps de présenter un projet pour les réformes les plus importantes que réclamait l'administration provinciale et communale : une autre dut s'occuper de la réorganisation de l'armée : des con-

---

(1) *Annuaire*, 1846.

grégations particulières de cardinaux enfin furent formées pour améliorer chaque branche de l'administration publique.

Pendant même que ces commissions tenaient leurs séances, les réformes marchaient sans s'arrêter. L'augmentation des écoles primaires pour le peuple, l'adoption des chemins de fer, la création d'établissements agricoles, la restauration de l'ancienne université de Bologne, offrant un enseignement libre aux nationaux et aux étrangers, l'introduction dans les États-Romains des salles d'asile, signalèrent, comme autant de bienfaits nouveaux, l'année 1846.

Les travaux des commissions stimulées avançaient rapidement. 1847 vit s'ouvrir une ère nouvelle de réformes encore plus marquantes. Une ordonnance de la Secrétairerie d'État modifia provisoirement l'organisation des tribunaux. Dans une matière aussi grave, il eût été imprudent, impossible même de procéder immédiatement par une réforme générale et définitive de toute l'administration judiciaire. Les quatre tribunaux criminels de Rome furent réunis en un seul (1) : le tribunal du Buon Governo

---

(1) 4 janvier. *Annuaire*, 1847.

se composerait, sous la présidence du gouverneur de Rome, de deux chambres, ayant chacune un prélat pour vice-président, et *cinq avocats* pour juges. Les tribunaux provinciaux furent soumis à la surveillance du Tribunal suprême de la Sacra Consulta. La Sacra Consulta fut divisée en deux chambres ayant chacune six prélats et un avocat auditeur. L'élément laïque était introduit partout. De plus il y aurait dans chaque tribunal le procureur et les avocats du fisc, ainsi que le procureur et les avocats des pauvres.

Une circulaire du cardinal Gizzi, en date du 1er janvier, fixait les garanties de moralité et de savoir que devraient réunir ceux qui aspireraient désormais aux fonctions judiciaires.

Les finances n'avaient pas été oubliées. Pie IX donnait personnellement l'exemple de la plus grande simplicité : il avait commencé par réduire les dépenses de sa maison.

Les tribunaux privilégiés, spécialement chargés de juger les différends entre les particuliers et la Chambre des finances, et qu'on accusait de pencher en faveur du gouvernement, avaient été abolis.

Pour la première fois, un budget pontifical, celui de l'année 1846, fut publié à Rome.

Le 15 mars parut un Édit sur la Presse. Les conseils de censure étaient ouverts aux laïques : l'article 1 du titre Ier disait qu'ils seraient « composés de membres choisis par Sa Sainteté parmi les hommes les plus distingués dans les lettres. » L'article 2 du titre II permettait aux journaux et autres publications de traiter tout sujet de science, de lettres et d'art, l'histoire contemporaine *et les matières concernant l'administration publique*, sous la seule condition de ne pas attaquer le gouvernement, la religion, les gouvernements étrangers ni l'honneur des citoyens. Ce n'était pas encore l'affranchissement complet de la presse ; mais combien de gouvernements plus forts, et comptant, non pas des mois, mais des années d'existence, ne lui ont pas encore donné une liberté plus grande ! « D'ailleurs les hommes les plus éminents des États-Romains s'accordaient alors sur ce point que dans l'état actuel de l'Italie, on ne pouvait aller ni plus loin ni plus vite. »

Le 19 avril fut créée une institution qui, si elle ne pouvait être appelée une représentation nationale dans la stricte acception du mot, en portait cependant en elle le germe. « Il serait convoqué de toutes les provinces de l'État *des notables qui non-seulement seraient consultés sur une meilleure organisation à donner aux conseils municipaux, et sur d'autres mesures à prendre pour l'amélioration du sort des populations, mais qui devraient aussi concourir à l'administration de l'État*, discutant les affaires, non plus par l'intermédiaire des délégats et des légats, mais directement avec le Saint-Père lui-même. Ces délégués résideraient dans la capitale, pour deux ans au moins. » C'était la *Consulte d'État*.

Plusieurs chaires nouvelles furent créées à l'Université romaine, et notamment une chaire d'économie politique et de statistique.

Une loi sur la conscription était préparée : « Cette loi, en créant une armée nationale, permettrait de remplacer plus tard les régiments suisses par des régiments romains. A l'imitation du mode de conscription usité en France, la durée du service devait être fixée à six ans, le contingent établi annuellement en vertu d'une ordonnance spéciale, le service obligatoire pour tous les sujets romains, soumis au tirage à l'âge de vingt ans, avec faculté de se faire remplacer aux conditions de la loi française. »

En attendant, une garde nationale fut instituée (5 juillet).

« La nomination aux grades jusqu'à celui de lieutenant serait faite par les compagnies; celle des capitaines et des officiers d'état-major par le Pape.

« Le service de la garde civique consisterait : 1° dans le service ordinaire de l'intérieur des villes et des communes; 2° dans le service extra-ordinaire de mobilisation en dehors du territoire auquel elle appartiendrait; 3° dans le service des corps détachés appelés à venir en aide aux milices actives de l'État. »

Un motu proprio du 15 octobre accorda une représentation communale à la ville de Rome (*comune di Roma*). Seule entre toutes les villes des États Pontificaux, Rome n'avait point d'institutions municipales. Rome avec son territoire serait désormais représentée et administrée comme les autres parties de l'État, par un conseil délibératif et une magistrature administrative. Le conseil se composerait de cent membres, sans distinction de classes; soixante-quatre propriétaires fonciers, trente-deux savants, avocats ou artistes, etc..., et quatre représentants des corps religieux ou des établissements de bienfaisance : ce conseil serait renouvelé par tiers tous les deux ans. La magistrature aurait pour chef un Sénateur et serait formée de huit adjoints.

« La création de la Consulte ayant donné naissance à un nouveau système d'examen des affaires les plus importantes de l'État, et l'établissement de la Municipalité de Rome ayant joint à cette dernière et détaché des ministères plusieurs charges et fonctions qui en faisaient partie, il était devenu nécessaire non-seulement que ces ministères fussent réorganisés, mais encore que le conseil des ministres lui-même, établi sur des bases plus solides, reçût une organisation spéciale et définitive, organisation qui, en répondant aux besoins, s'adaptât mieux aux changements apportés. » Ce fut l'objet d'un décret du 29 décembre 1847, qui divisa et détermina clairement les attributions de chaque ministre, « afin que chacun d'eux ayant une sphère d'action qui lui fût propre et indépendante de tout autre département, pût assumer une *responsabilité* qui, en descendant des fonctionnaires plus élevés jusqu'aux employés subalternes, donnerait au gouvernement *cette garantie générale à laquelle doivent être soumis tous ceux à qui est confiée l'administration de la chose publique.* » En même temps la Consulte d'État était investie du droit de donner son avis sur toutes les questions d'État avant la délibération du Conseil des ministres.

Ainsi, Pie IX, le plus faible et le plus désarmé des souverains de l'Europe, pouvait, sur cette terre agitée tout à l'heure par les révolutions, se montrer le plus libéral des Princes. Comme le disait un mandement de l'Archevêque de Paris, en ordonnant des prières pour le Souverain-Pontife, « les esprits les plus prévenus qui avaient considéré trop longtemps la Papauté et la hiérarchie ecclésiastique comme hostiles aux légitimes libertés des peuples, étaient contraints de proclamer que ces libertés avaient trouvé les garanties les plus assurées et leur avenir le plus glorieux dans les réformes dont Pie IX venait de donner l'exemple. » De toutes parts, les adhésions les plus inattendues lui arrivaient.

De Turquie, le sultan Abdul-Medjid-Kan (1)

---

(1) 20 février 1847.

chargeait son ambassadeur près la cour d'Autriche, Chekib-Effendi, qui se rendait à Vienne,
de passer par Rome et « d'exprimer, en son nom
et de vive voix au Souverain-Pontife, ses félici-
tations les plus sincères, comme d'attester la
profonde estime dont Sa Hautesse s'était sentie
pénétrée pour un souverain qui, dans l'espace
de quelques mois, avait su mériter l'admiration
et les applaudissements de toutes les nations ci-
vilisées. »

D'Amérique, un condottiere italien nommé
Garibaldi, qui était allé mettre son bras au service de la République de Montevideo, et qui com-
mandait alors la légion étrangère dans la lutte
des deux républiques de la Plata, écrivait (1) au
Nonce du Saint-Père pour se mettre, lui et ses
compagnons, à la disposition de Pie IX. « Nous
n'avons pas, disait-il en terminant, la prétention
de penser que le secours de nos bras soit nécessaire : nous savons trop bien que le trône de
Saint Pierre repose sur des bases qui ne pourront jamais être renversées ni ébranlées par une
puissance humaine. »

Dans son message au Congrès, le Président

---

(1) 12 octobre 1847.

des États-Unis témoignait son admiration au Souverain-Pontife.

L'Angleterre seule se taisait : lord Palmerston préparait la mission de lord Minto.

Mais Pie IX, uniquement occupé de faire le bonheur de ses sujets, suivait, sans arrière-pensée, les inspirations de sa bonté paternelle : il donnait la Liberté, sans souci de la Révolution, comme si elle n'avait jamais menacé. C'est qu'il savait que le Fils aîné de l'Église veillait sur sa mère, et il ne craignait plus de danger pour elle ; c'est qu'il se sentait soutenu par le gouvernement français, et il expérimentait chaque jour que cet appui lui était franchement donné, non pas tant dans l'intérêt de la Liberté que dans celui de la Papauté ; car alors l'intérêt de la Papauté était pour le gouvernement français l'intérêt de la France, l'intérêt de l'Ordre et de la Religion ; chaque jour donnait une nouvelle preuve que le cabinet des Tuileries l'envisageait ainsi.

IV.

Dès le principe, persuadé que cette politique libérale était le plus sûr moyen de rendre la Papauté forte et puissante, le cabinet des Tuileries avait encouragé le Saint-Père dans cette voie de réformes qui faisait tomber tous les reproches adressés au Saint-Siége. Le 5 août 1846, M. Guizot, alors ministre des affaires étrangères, écrivait à M. le comte Rossi qui venait d'être envoyé comme ambassadeur de France à Rome :

« Le Roi a complétement approuvé le langage
« officiel et officieux que vous avez tenu au
« Pape dans l'audience de présentation de vos
« lettres de créance. Il a été vivement touché de
« ce que Sa Sainteté vous a dit d'affectueux
« pour lui et pour la France. De pareils senti-
« ments vont droit au cœur du Roi, car il en
« éprouve lui-même de parfaitement sembla-
« bles pour le Saint-Siége. En même temps qu'il

« est animé d'un respect filial pour le père com-
« mun des fidèles, il aime à placer toute con-
« fiance dans la haute sagesse du successeur de
« Grégoire XVI. Cette sagesse s'était déjà révé-
« lée dans les premières paroles que vous aviez
« recueillies de la bouche du Pape. Elles mon-
« traient avec quelle justesse et quelle tranquille
« élévation d'esprit il appréciait sa situation *et*
« *comprenait les temps au milieu desquels Dieu*
« *l'a appelé à exercer la double souveraineté*
« *des choses spirituelles dans le monde catho-*
« *lique, et des affaires temporelles dans les États*
« *du Saint-Siége.* Mission admirable dans tous les
« siècles, sublime de nos jours, après les tempê-
« tes qui ont assailli la religion, et lorsqu'il s'agit
« de lui faire reprendre, dans des sociétés qui ont
« subi de si profondes révolutions, le salutaire
« empire qu'elle doit et peut toujours exercer,
« quelles que soient les variations de l'organisa-
« tion des États et de l'esprit des hommes. L'am-
« nistie, publiée le 16 juillet dernier par le Saint-
« Père, est venue réaliser les premières espé-
« rances de son avénement, et glorieusement
« inaugurer son règne. Vous saisirez, monsieur
« le comte, la plus prochaine occasion d'exprimer
« à Sa Sainteté les vives et bien sincères félici-

« tations du Roi et de son gouvernement, non-
« seulement sur la pensée qui a inspiré ce grand
« acte de clémence, mais sur le caractère et le
« texte même de l'édit qui le consacre. Une
« majesté pleine de douceur y respire et l'anime
« d'un bout à l'autre. Dans ce langage onc-
« tueux et ferme à la fois, se trouvent admira-
« blement unies la dignité du souverain qui
« pardonne à ses sujets égarés, et l'émotion du
« père qui rappelle autour de lui ses enfants.
« L'impression que cet acte a produite partout,
« et particulièrement en France, est excellente.
« Non-seulement on loue le Pontife qui a su ac-
« complir du premier coup un si grand bien,
« mais on pressent, dans cette mesure et dans
« la façon dont elle a été prise, le caractère gé-
« néral de tout un gouvernement et de tout un
« règne. C'est au Pape lui-même qu'on en re-
« porte tout le mérite et l'honneur. On veut y
« voir le prélude et le gage d'autres actes, qui,
« sur d'autres matières, feront aussi à l'opinion
« sa juste part sans affaiblir l'autorité. Et les
« hommes sensés et bien intentionnés ressentent
« une joie profonde en voyant qu'un pouvoir
« qui a si longtemps marché à la tête de la civi-
« lisation chrétienne se montre disposé à ac-

« complir encore cette mission auguste, et à
« consacrer, en l'épurant et le modérant, ce qu'il
« y a de raisonnable et de légitime dans l'état
« et le progrès des sociétés modernes.

« Je suis heureux et honoré, monsieur le
« comte, d'être ici l'interprète de ces senti-
« ments publics, et je vous prie, quand vous
« les mettrez sous les yeux de Sa Sainteté, de
« vouloir bien y joindre l'expression. . . . . »

Tout en applaudissant à la généreuse détermi-
nation du Saint-Père, le cabinet des Tuileries ne
se dissimulait pas les obstacles que le Saint-Siége
aurait à surmonter pour l'accomplir, les dangers
d'entraînement auxquels il allait se trouver
exposé.

Mais ce qui rassurait le gouvernement français, c'était la position même de Pie IX, à la
fois Souverain Pontife et réformateur. « On ne
« peut pas, on ne doit pas craindre, disait
« M. Guizot à la Chambre des députés, le
« 3 août 1847, que le Pape oublie jamais les be-
« soins et les droits de ce principe d'autorité,
« d'ordre, de perpétuité, dont il est le repré-
« sentant le plus éminent ; c'est là sa mission fon-
« damentale ; c'est, à proprement parler, sa na-
« ture. Non, il ne l'oubliera pas un moment. »

Et en effet les événements justifiaient ces prévisions de péril, en même temps qu'ils constataient la force de résistance du Souverain Pontife à toute pression, soit pour retourner en arrière, soit pour marcher trop rapidement en avant.

Abusant de la liberté, les réunions politiques et les sociétés secrètes se formaient de tous côtés. Aux cris de : vive Pie IX ! s'étaient mêlés sur certains points ceux de : à bas les Autrichiens ! Aux cris de : vive Pie IX ! des discours révolutionnaires étaient prononcés demandant la guerre contre l'étranger envahisseur, des écrits circulaient réclamant des réformes qui étaient la négation de la souveraineté du Pape.

La guerre civile venait d'éclater en Suisse. Dirigée par le parti radical contre les cantons catholiques, elle avait triomphé facilement, et les sept cantons expiaient dans le sang et le pillage leur résistance légitime. L'Europe entière s'était émue des atrocités et des violences commises par la Diète. A Rome des voix avaient vociféré des vivat pour la Diète : dans quelques provinces, des manifestations tumultueuses avaient salué la chute du Sonderbund.

Immédiatement (1) avait paru une proclama-
tion du cardinal Secrétaire d'État Mgr Pascal
Gizzi.

« Sa Sainteté est fermement résolue à mar-
« cher en avant dans la voie des améliorations
« pour toutes les branches de l'administration
« publique qui peuvent en avoir besoin; mais
« elle est également décidée à ne le faire que
« dans une gradation sage et calculée, et dans
« les limites déterminées par les conditions qui
« appartiennent essentiellement à la souverai-
« neté et au gouvernement temporel du Chef
« de l'Église Catholique, gouvernement auquel
« ne peuvent s'adapter certaines formes qui
« ruineraient l'existence même de la souverai-
« neté, ou diminueraient au moins cette liberté
« extérieure, cette indépendance dans l'exercice
« du suprême primitiat, pour lesquelles Dieu,
« dans la profondeur de ses desseins, a voulu
« que le Saint-Siége eût une principauté tem-
« porelle. Le Saint-Père ne peut oublier les
« devoirs sacrés qui l'obligent à maintenir in-
« tact le dépôt qui lui a été confié.

« C'est pourquoi le Saint-Père n'a pu, sans

---

(1) 22 juin 1847.

« une grande douleur, reconnaître que quel-
« ques esprits inquiets voudraient profiter de
« la situation présente pour exposer et faire
« prévaloir des doctrines et des idées totale-
« ment contraires à ses maximes, ou pour arri-
« ver à lui en imposer d'autres entièrement
« opposées à la nature tranquille et pacifique
« et au caractère sublime de celui qui est vicaire
« de Jésus-Christ, ministre d'un Dieu de paix
« et père de tous les catholiques à quelque
« contrée du monde qu'ils appartiennent, ou
« enfin pour exciter chez les populations, par
« des écrits ou par la parole, des désirs et des
« espérances de réforme au-delà des limites in-
« diquées plus haut.

« Comme ces esprits sont en petit nombre et
« que le bon sens et la rectitude d'esprit qui
« dirigent les pensées et la conduite de la
« grande majorité du peuple ont pu, jusqu'à
« présent, faire rejeter les insinuations de ce
« genre et des conseils de peu de droiture, le
« Saint-Père tient pour assuré que ceux-ci ne
« trouveront jamais un bon accueil chez le peu-
« ple. Mais il est plus facile d'imaginer que de
« rendre la douleur ressentie par Sa Sainteté à
« la suite de quelques actes coupables qui ont

« eu lieu dans diverses provinces, et qui sont
« en opposition ouverte avec cette paix et cette
« concorde qu'Il voulut établir parmi ses sujets
« chéris, alors que, dans les premiers temps
« de son glorieux pontificat, il prononça le
« mot si doux de pardon. »

Et le gouvernement pontifical avait continué ses réformes, sans se laisser arrêter par les craintes de quelques-uns.

Le 16 juillet, jour anniversaire de l'amnistie proclamée par Pie IX, devait être l'occasion d'une fête populaire. Tout était prêt pour la solennité, lorsque, la veille, certains individus, que l'on sut plus tard appartenir au parti avancé, placardèrent sur les murs de la ville des avis écrits à la main, annonçant au peuple que la faction rétrograde voulait troubler la fête en provoquant une rixe sanglante par des hommes soudoyés. L'animation était au comble : il restait à peine quelques heures; il n'y avait pas un moment à perdre. Les premiers d'entre les Romains se réunirent et se hâtèrent de rédiger en commun une adresse au Pape, pour le prier de renvoyer à une autre époque une fête qui pouvait donner lieu à de graves désordres. Le Saint-Père n'avait pas hésité à accueillir

leur demande : la garde nationale, s'armant
spontanément, avait fait le reste : la tranquillité avait été maintenue. Et Pie IX, pour bien
prouver sa ferme intention de ne pas revenir en
arrière, avait convoqué pour le 5 novembre à
Rome les délégués des provinces.

Le 13 août, deux bataillons autrichiens étaient
tout à coup entrés dans Ferrare et, malgré les
protestations du cardinal légat, s'étaient em-
parés des principaux postes, chassant les soldats
pontificaux de l'intérieur de la ville. L'Autriche
certainement n'avait pas l'intention de prendre
de force les Légations : émue des démonstra-
tions hostiles dirigées contre elle, elle n'avait
voulu qu'en imposer par une démonstration militaire. Ce n'était pas moins une faute du cabinet
de Vienne : l'acte final du congrès de Vienne,
§ 3, art. 103, accordait sans doute à l'Autriche
le droit de garnison dans les places de Ferrare
et de Comachio ; mais ici il y avait une véritable invasion, au mépris de la souveraineté de
Rome. Le cardinal Secrétaire d'État à son tour
avait énergiquement protesté : Pie IX en appelait aux peuples.

Plus que jamais, en présence de ces circonstances difficiles, le gouvernement français avait

pensé qu'il fallait encourager et soutenir le Saint-Père dans sa marche.

Le 18 juillet 1847, M. Guizot écrivait à M. le comte Rossi, à Rome :

« Le gouvernement du Roi approuve com-
« plétement l'attitude que vous avez prise et le
« langage que vous avez tenu au milieu du mou-
« vement des esprits et des causes de fermenta-
« tions qui agitent depuis quelque temps et
« qui ont menacé naguère de troubler Rome et
« les États-Romains. C'est avec une satisfaction
« très-réelle que nous voyons le gouvernement
« de Sa Sainteté adopter une ligne de conduite
« claire et décidée, qui, par cela même qu'elle
« ne laisse aucun doute sur ses intentions et
« qu'elle doit satisfaire les amis des réformes
« modérées, lui donnera toute la force nécessaire
« pour triompher des entraînements comme des
« résistances des partis extrêmes. Les derniers
« événements dont vous me rendez compte ont
« révélé à Rome non-seulement l'existence,
« mais l'ascendant pratique d'une opinion à la
« fois sagement libérale et fermement conserva-
« trice, telle que, dans d'autres pays, une lon-
« gue expérience et de cruelles agitations ont à
« peine suffi à la former. En continuant à

« puyer sur cette opinion, le Saint-Siége triom-
« phera, nous l'espérons, des difficultés graves
« et nombreuses qu'il est destiné à rencontrer
« dans son œuvre progressive de réformes ré-
« gulières et sagement mesurées. . . . .
« Toutes les fois que l'occasion s'en présentera
« et que le gouvernement de Sa Sainteté vous
« en témoignera le désir, nous serons heureux
« de lui donner tout l'appui qu'il croira lui-
« même possible, dans sa situation, et utile à
« son succès. . . . . . »

Le 25 août, après l'incident de Ferrare,
M. Guizot écrivait encore à M. Rossi :

« Le gouvernement du Roi a appris avec une
« vive satisfaction les derniers actes de l'admi-
« nistration intérieure du Saint-Siége. La poli-
« tique éclairée qui s'y manifeste, l'accueil que
« leur a fait la population, l'empressement avec
« lequel les hommes les plus considérables du
« pays se sont portés à la défense de l'ordre
« et à l'appui du gouvernement, sont des symp-
« tômes bien propres à rassurer et à satisfaire
« l'Europe chrétienne, *si grandement intéres-*
« *sée à l'autorité morale de la cour de Rome* et
« à la sécurité de l'Italie. . . . .
« Tant que de part et d'autre on marchera dans

« cette voie, tant qu'un aussi heureux accord
« se maintiendra entre le prince et les sujets,
« l'Europe pourra espérer de voir réussir ce
« difficile et salutaire travail de réformes tant
« désirées, et le gouvernement du Roi qui a
« déjà donné des gages si clairs de son bon
« vouloir pour le Saint-Siége dans cette occa-
« sion importante, mettra d'autant plus d'em-
« pressement à le seconder, qu'il comptera da-
« vantage sur le succès régulier et pacifique de
« sa patriotique entreprise. Il concevrait, au
« contraire, de sérieuses inquiétudes le jour où
« il verrait s'élever des exigences inconciliables
« avec la situation générale de l'Italie comme
« avec la nature du gouvernement romain, et
« où, *par une réaction naturelle,* une réserve dé-
« fiante succéderait au noble et paternel aban-
« don qui caractérise en ce moment la politi-
« que du Souverain Pontife. Nous comptons,
« pour éviter de si funestes écueils, sur la sa-
« gesse de Pie IX et de son ministre, et aussi
« sur cette intelligence politique si juste, si
« prompte et si fine, dont le peuple romain
« vient de donner d'incontestables témoi-
« gnages . . . . »

A la même date, M. Guizot écrivait à M. le

comte de la Rochefoucauld, ministre de France
à Florence :

« . . . . Le Saint-Père et son ministre le
« cardinal Ferretti ont compris et accepté avec
« une courageuse fermeté ces premiers avertis-
« sements de l'expérience; ils ont à la fois pris
« la défense de l'ordre, et marqué plus nette-
« ment leurs intentions de réformes. De leur
« côté, les diverses classes de la population ro-
« maine, appelées à influer sur les intérêts de
« l'État, se sont montrées dignes de la con-
« fiance qu'on leur témoignait. Leur attitude,
« leur conduite au milieu de mouvements qui
« menaçaient de devenir graves, donnent lieu
« de penser qu'elles comprennent *les seules con-*
« *ditions auxquelles puisse s'accomplir la ré-*
« *génération des États de l'Église, je veux*
« *dire l'absence de tout désordre matériel et*
« *un respect profond pour un gouvernement*
« *qui, en dépit des abus de son administration*
« *et des difficultés de sa nature, tient dans le*
« *monde civilisé une place et exerce une in-*
« *fluence qui sont pour toute l'Italie un gage*
« *puissant de sécurité et de grandeur.* Nous
« espérons que l'heureux accord ainsi établi
« entre le gouvernement et le pays romain du-

« rera, et assurera le succès de la généreuse en-
« treprise tentée par leurs efforts communs. Si
« cet accord venait à être rompu, si des exi-
« gences inconsidérées, d'une part, faisaient
« naître de l'autre, *par une réaction naturelle*,
« une réserve timide et inquiète, notre con-
« fiance ferait place à des craintes sérieuses.

« C'est donc à entretenir cet accord, à pré-
« venir ces exigences compromettantes, que
« nous voulons, dans la mesure qui convient à
« notre situation et aux désirs du Pape lui-
« même, employer tous nos efforts. La cour de
« Rome ne peut mettre en doute la sincérité de
« notre bon vouloir : elle sait quelle impor-
« tance a pour elle la sympathie de la France
« catholique, dirigée par un gouvernement à la
« fois libéral et conservateur, qui connaît, par
« sa propre expérience, comment on peut con-
« cilier les besoins nouveaux de la société avec
« les conditions de l'ordre et du pouvoir.

« Aussi le Saint-Siége nous témoigne-t-il
« toute la confiance qu'il place dans l'amitié
« du Roi et dans l'appui de son gouvernement.
« C'est à nous qu'il s'est adressé pour se pro-
« curer les armes nécessaires à l'organisation de
« la garde nationale qui fait aujourd'hui sa prin-

« cipale force, et le gouvernement du Roi s'est
« empressé de les lui accorder. Il a également
« désiré savoir si, dans certaines éventualités,
« il pourrait attendre de nous un concours plus
« actif, et j'ai lieu de penser que, sur ce point
« aussi, il a été satisfait de notre réponse. . . »

Dans les deux dépêches, M. Guizot, arrivant à la question de Ferrare, répétait textuellement le même paragraphe :

« Les événements de Ferrare ont, comme
« vous pouvez penser, appelé toute notre at-
« tention. . . . . . Je n'ai pas besoin de vous
« dire que notre sympathie est acquise au sen-
« timent de dignité courageuse qui a dicté
« la protestation du cardinal légat et du cardi-
« nal secrétaire d'État. » Et il ajoutait : « En
« même temps que nous rendons pleine justice
« aux motifs de cet acte, nous ne verrions pas
« sans regret la cour de Rome contracter l'ha-
« bitude de porter de prime abord devant le
« public des questions de politique extérieure,
« avant d'avoir tenté et épuisé la possibilité de
« les résoudre à l'amiable avec les cabinets qui
« y sont intéressés. Si, dans de rares occasions,
« de tels appels immédiats à l'opinion peuvent
« donner quelque force aux gouvernements,

« bien plus souvent ils leur suscitent de graves
« embarras, et ils ont surtout l'inconvénient
« de rendre impossibles, en compromettant les
« amours-propres, ces explications tranquilles
« et ces atermoiements qui atténuent presque
« toujours et font quelquefois disparaître tout
« à fait les difficultés diplomatiques. »

Si l'on peut voir une apparence de blâme dans cette sollicitude qui, en approuvant la conduite, recommandait cependant plus de diplomatie, le blâme du moins était donné dans l'intérêt de la Papauté, pour écarter d'elle toute difficulté, toute complication nouvelle. L'agitation croissait en Italie. Le passage suivant du *Moniteur universel* (1), sous la rubrique de « Rome, le 11 septembre, » donne une idée de ce qui se passait à cette époque dans la Ville Éternelle : « Le nom du prince de Canino a été rayé des listes de la garde nationale, par l'ordre du cardinal Ferretti. M. Galetti, officier de la garde civique, et l'*Anglais* Macbean, ont été consignés chez eux et sont l'objet d'une instruction. On reproche au prince de Canino de s'être livré

______

(1) *Moniteur* du 27 septembre 1847.

à des machinations avec des individus du de hors, et d'avoir dit plusieurs fois qu'il serait heureux que l'Italie, avec ses 24 millions d'habitants, fût réunie sous un seul chef; que l'on pourrait alors secourir la France, renverser le gouvernement établi, et introduire un ordre de choses plus conforme aux besoins de l'époque. MM. Galetti et Macbean et M. Masi seront punis sévèrement et peut-être même rayés des contrôles pour s'être rendus en uniforme, avec beaucoup de monde, devant l'hôtel de l'ambassadeur d'Autriche, et avoir crié : Vive l'Italie! Vive l'indépendance italienne ! » Le gouvernement français voyait reparaître les symptômes qui l'avaient arrêté en 1831. Après avoir crié « courage! » au Saint-Père, il lui disait maintenant, « mais prudence! »

Si d'ailleurs à Rome le cabinet des Tuileries faisait doucement reprocher la forme, à Vienne il faisait valoir hautement le fonds de la protestation. Dans une dépêche adressée le 1er septembre 1847 au comte de Marescalchi, chargé d'affaires de France à la cour d'Autriche, M. Guizot prenait ouvertement la défense du Saint-Siége, de « l'opinion » italienne qui le soutenait; il déclarait nettement « que le gouvernement du Roi se faisait un devoir de seconder autant qu'il dépendait de lui, le succès de cette politique modérée et intelligente ; » mais sans accusations, sans menaces contre l'Autriche. Et le gouvernement français, par cette politique ferme mais conciliante, en invoquant auprès du prince de Metternich non la nécessité où la France se trouverait de recourir aux armes, mais « l'intérêt commun de l'Europe chrétienne et civilisée », et le gouvernement pontifical, par sa fière attitude, obtenaient que le 23 décembre 1847, à la suite d'une convention conclue entre la cour de Rome et le cabinet de Vienne, le commandant des troupes autrichiennes remît aux soldats pontificaux les principaux postes de Ferrare.

Non content d'appuyer lui-même le Saint-Siége, le gouvernement français voulut lui trouver des soutiens dans tous les gouvernements de l'Europe. Le 17 septembre 1847, M. Guizot adressait à tous les représentants du Roi à l'étranger, la circulaire suivante :

« Monsieur,

« Une fermentation grave éclate et se propage
« en Italie. Il importe que les vues qui dirigent
« dans cette circonstance la politique du gou-

« vernement du Roi vous soient bien connues,
« et règlent votre attitude et votre langage.

« *Le maintien de la paix et le respect des*
« *traités sont toujours les bases de cette poli-*
« *tique.* Nous les regardons comme également
« essentiels au bonheur des peuples et à la sécu-
« rité des gouvernements, aux intérêts moraux
« et aux intérêts matériels des sociétés, au pro-
« grès de la civilisation et à la stabilité de l'or-
« dre européen. Nous nous sommes conduits
« d'après ces principes dans les affaires de notre
« pays. Nous y serons fidèles dans les questions
« qui touchent à des pays étrangers.

« L'indépendance des États et de leurs gou-
« vernements a pour nous la même importance
« et est l'objet d'un égal respect. *C'est la base*
« *fondamentale du droit international, que cha-*
« *que État règle par lui-méme, et comme il l'en-*
« *tend, ses lois et ses affaires intérieures. Ce*
« *droit est la garantie de l'existence des États*
« *faibles, de l'équilibre et de la paix entre les*
« *grands États.* En le respectant nous-mêmes,
« nous sommes fondés à demander qu'il soit
« respecté de tous.

« Pour la valeur intrinsèque comme pour le
« succès durable des réformes nécessaires dans

« l'intérieur des États, il importe, aujourd'hui
« plus que jamais, qu'elles s'accomplissent ré-
« gulièrement, progressivement, de concert
« entre les gouvernements et les peuples, par
« leur action commune et mesurée, *et non par*
« *l'explosion d'une force unique et déréglée.*
« C'est en ce sens que seront toujours dirigés
« nos conseils et nos efforts.

« Ce qui s'est passé jusqu'ici dans les États
« Romains prouve que, là aussi, les principes
« que je viens de rappeler sont reconnus et mis
« en pratique. C'est en se pressant autour de
« son souverain, en évitant toute précipitation
« désordonnée, tout mouvement tumultueux,
« que la population romaine travaille à s'assu-
« rer les réformes dont elle a besoin. Les hom-
« mes considérables et éclairés qui vivent au
« sein de cette population s'appliquent à la
« diriger vers son but par les voies de l'ordre
« et par l'action du gouvernement. Le Pape, de
« son côté, dans la grande œuvre de réforme
« intérieure qu'il a entreprise, déploie un pro-
« fond sentiment de sa dignité comme chef de
« l'Église, de ses droits comme souverain, et se
« montre également décidé à les maintenir au
« dedans et au dehors de ses États. Nous avons

« la confiance qu'il rencontrera auprès de tous
« les gouvernements européens le respect et
« l'appui qui lui sont dus ; le gouvernement du
« Roi, pour son compte, s'empressera, en toute
« occasion, de le seconder selon le mode et dans
« la mesure qui s'accordent avec les convenances
« dont le Pape lui-même est le meilleur juge.

« Les exemples si augustes du Pape, la con-
« duite si intelligente de ses sujets, exerceront
« sans doute en Italie, sur les princes et sur les
« peuples, une salutaire influence, et contribue-
« ront puissamment à contenir dans les limites
« du droit incontestable et du succès possible
« le mouvement qui s'y manifeste. C'est le seul
« moyen d'en assurer les bons résultats, et de
« prévenir de grands malheurs et d'amères dé-
« ceptions. La politique du gouvernement du
« Roi agira constamment et partout dans ce
« même dessein.

« Vous pouvez donner à M.... communica-
« tion de cette dépêche. »

Par ce langage, le cabinet des Tuileries faisait en même temps clairement entendre aux
partis avancés que s'ils voulaient entraîner plus
loin la Papauté et l'Italie, loin de pouvoir compter sur la France, ils la trouveraient contre eux.

Déjà, en terminant sa dépêche du 25 août à M. de la Rochefoucauld, M. Guizot avait dit : « ... A Florence, comme à Rome, nous regardons comme essentiel que le gouvernement ne se laisse point entraîner ni intimider par des passions aveugles et des prétentions chimériques qui compromettraient le bien-être de ses peuples aussi bien que sa propre sécurité.... »

Pour mieux établir encore cette attitude de sa politique, M. Guizot, le 18 septembre, en envoyant la circulaire du 17 à M. de Bourgoing, à Turin, où se trouvait alors le foyer du mouvement, y joignait cette dépêche qui devait effacer tout dernier reste de doute :

« Je vous adresse une dépêche qui résume la
« politique du gouvernement du Roi en présence
« des événements qui se passent en Italie. J'y
« joins ici copie de quatre dépêches adressées,
« deux à M. le comte de Rossi, une à M. le
« comte de la Rochefoucauld, et une à M. le
« comte de Marescalchi. Vous n'avez point à
« les communiquer officiellement *in extenso* à
« M. de la Marguerite : mais vous en ferez usage
« dans la conversation pour faire bien connaître
« et apprécier notre politique, et vous pourrez
« même, si vous le jugez convenable, en lire of-

« ficieusement, dans ce dessein, quelques frag-
« ments...

« Je vous sais gré de la franchise avec laquelle
« vous m'avez rendu compte des impressions
« qui se manifestent autour de vous sur notre
« attitude en Italie. Je m'étonne peu de ces im-
« pressions. Les populations italiennes rêvent
« pour leur patrie des changements qui ne
« pourraient s'accomplir que par le remanie-
« ment territorial et le bouleversement de l'or-
« dre européen, c'est-à-dire par la guerre et la
« révolution. Les hommes, même modérés,
« n'osent pas combattre ces idées, tout en les
« regardant comme impraticables, et peut-être
« les caressent eux-mêmes au fond de leur cœur
« avec une complaisance que leur raison désa-
« voue, mais ne supprime pas. Plus d'une fois
« déjà l'Italie a compromis ses plus importants
« intérêts, même ses intérêts de progrès et de
« liberté, dans une conflagration européenne.
« Elle les compromettrait encore gravement en
« rentrant dans cette voie. Le gouvernement du
« Roi se croirait coupable si, par ses démarches
« ou par ses paroles, il poussait l'Italie sur une
« telle pente, et il se fait un devoir de dire clai-
« rement aux peuples comme aux gouverne-

« ments italiens ce qu'il regarde pour eux com-
« me utile ou dangereux, possible ou chimé-
« rique. C'est là ce qui détermine et la réserve
« de son langage et le silence qu'il garde quel-
« quefois. Appliquez-vous, Monsieur, à éclairer
« sur ces vrais motifs de notre conduite tous
« ceux qui peuvent les méconnaître ; et si vous
« ne réussissez pas à dissiper complétement une
« humeur qui prend sa source dans des illusions
« que nous ne voulons pas avoir le tort de flat-
« ter, puisque nous ne saurions nous y associer,
« ne leur laissez du moins aucun doute sur la
« sincérité et l'activité de notre politique dans
« la cause de l'indépendance des États Italiens
« et des réformes régulières qui doivent assurer
« leurs progrès intérieurs sans compromettre
« leur sécurité. »

Dans les Chambres, le langage du cabinet des
Tuileries n'était pas moins accentué que celui
qu'il tenait dans ses dépêches.

Le 3 août 1847, M. Guizot s'exprimait ainsi
à la tribune de la Chambre des pairs :

« Quant à l'Italie, nous n'y avons aucun in-
« térêt territorial, immédiat, personnel ; nous
« ne sommes pas une puissance italienne : *nous*

« *avons là des intérêts considérables d'équi-*
« *libre européen, des intérêts de nation chré-*
« *tienne et en grande majorité catholique;* des
« intérêts *de voisinage, de commerce ;....* inté-
« rêts tous considérables, mais indirects, et qui
« nous laissent une grande liberté d'action.

« Que faut-il pour la satisfaction de ces inté-
« rêts *français,* les *seuls* que nous ayons en
« Italie? La paix intérieure de l'Italie d'abord.
« *Aucun bouleversement territorial ou politi-*
« *que ne nous est bon au-delà des Alpes.*

« *Il nous faut aussi l'indépendance et la sé-*
« *curité des gouvernements italiens.*

« . . . .

« Maintenant, cela étant notre seule poli-
« tique, notre seul véritable et grand intérêt en
« Italie, un Souverain italien, le Souverain qui
« est le représentant éminent du principe d'au-
« torité, d'ordre, de prospérité dans le monde,
« ce Souverain a compris les changements sur-
« venus dans la société, les besoins nouveaux
« de cette société, l'esprit nouveau des hommes.
« Il a annoncé l'intention de faire la part légi-
« time de ces besoins, de cet esprit, de ces in-
« térêts. Le représentant par excellence de
« l'autorité souveraine et incontestée, entrant

« dans une telle voie, témoignant de telles dis-
« positions, c'est là un des plus grands et des
« plus beaux spectacles qui aient encore été
« donnés au monde. On ne peut pas, on ne doit
« pas craindre que le Pape oublie jamais les be-
« soins et les droits du principe d'ordre et d'au-
« torité..... Il saura les maintenir, il saura les
« défendre. Mais en même temps, puisqu'il se
« montre disposé à comprendre et à satisfaire,
« dans ce qu'il a de sensé et de légitime, l'état
« nouveau des intérêts sociaux et des esprits,
« ce serait une faute énorme de la part de tous
« les gouvernements, je ne veux pas dire que ce
« serait un crime, ce serait une faute énorme de
« ne pas seconder Pie IX dans la tâche difficile
« qu'il entreprend. Ce n'est pas ici un intérêt
« momentané, particulier, de telle ou telle na-
« tion, de tel ou tel gouvernement; c'est le
« devoir de toutes les nations, de tous les gou-
« vernements chrétiens, de prêter leur appui à
« la tâche difficile et sublime que le Pape veut
« entreprendre.

« . . . . . Quand il s'agit de réformes
« comme celles dont les États-Romains sont
« préoccupés, le plus grand danger, ce sont les
« partis extrêmes, les partis extrêmes avec la fo-

« lie de leurs théories et la violence de leurs pas-
« sions : aux partis modérés seuls il appartient
« d'accomplir de telles réformes ; aux partis mo-
« dérés seuls il appartient de prévenir ou de ter-
« miner les révolutions... Eh bien ! un parti mo-
« déré semblable commence à se montrer dans
« les États-Romains. Dans ces derniers temps,
« au milieu des incidents qui se sont produits, le
« danger de l'explosion des partis extrêmes s'est
« révélé : les forces intelligentes et modérées de la
« société romaine se sont mises en avant ; elles
« ont compris que, pour réussir, il fallait qu'elles
« s'alliassent intimement au Gouvernement,
« qu'il fallait qu'elles soutinssent le Pape et
« son gouvernement. Nous nous trouvons ainsi
« aujourd'hui en présence de deux circons-
« tances les plus favorables dans une pareille
« situation, en présence d'un gouvernement
« modéré qui veut accomplir les réformes né-
« cessaires, et en présence d'un parti modéré
« qui veut soutenir le gouvernement qui entre-
« prend ces réformes. Dans un tel état de choses,
« c'est notre politique naturelle, notre devoir
« essentiel de venir en aide à une telle entre-
« prise, de soutenir et le gouvernement qui la
« forme et le parti modéré qui y concourt.

« *C'est la mission naturelle de la France au-*
« *jourd'hui en Italie comme dans le reste du*
« *monde, et là plus qu'ailleurs, parce que c'est*
« *là que les questions les plus vives éclatent en*
« *ce moment, c'est la mission naturelle de la*
« *France de ne point chercher sa force et son*
« *point d'appui dans l'esprit d'opposition et de*
« *révolution,* mais dans l'esprit de gouverne-
« ment intelligent, sensé, *et dans le concours*
« *des partis modérés avec de tels gouverne-*
« *ments.* C'est là ce qui apparaît dans les États-
« Romains; c'est ce qui aura notre sincère
« appui. »

Devant la Chambre des pairs, le 12 janvier
1848, répondant à MM. de Montalembert et de
Saint-Aulaire qui, voulant hâter le triomphe
de la Papauté, reprochaient au cabinet sa dépêche du 25 août à M. de Rossi relativement
à l'incident de Ferrare, comme une preuve d'indifférence pour la cause du Saint-Siége, ses
conseils de prudence comme un décourage-
ment, M. Guizot renouvelait en ces termes la
déclaration des principes du gouvernement
français :

« Messieurs, on veut m'imposer d'abord dans
« ce débat des fardeaux que je ne saurais ac-

« cepter : *on fait retentir les mots : puissances*
« *absolutistes, sainte-alliance, jésuites, contre-*
« *révolution, intervention armée, pour me pla-*
« *cer et vous placer vous-mémes d'avance sous*
« *le joug des sentiments que ces mots réveil-*
« *lent.* . . . . J'écarte ces entraves dont on pré-
« tend charger notre politique. Les États consti-
« tutionnels et les pays libres ont besoin, comme
« les autres, que leur politique aussi soit libre,
« et qu'elle puisse s'éloigner ou se rapprocher
« de telle ou telle combinaison, s'isoler ou se
« concerter avec telle ou telle puissance, choisir
« enfin et agir suivant *l'intérét seul du pays,*
« dans les circonstances, dans la question par-
« ticulière, à l'époque spéciale où elle est ap-
« pelée à agir. . . . . .

« Quand le mouvement qui domine l'Italie a
« éclaté, il nous a inspiré, je le dirai sans dé-
« tour, beaucoup de sympathie et beaucoup de
« sollicitude.

« . . . . Je crois des réformes néces-
« saires dans les États d'Italie et dans les États-
« Romains en particulier.

« S'il n'y avait en Italie que le besoin et le
« désir de réformes intérieures, je m'en in-
« quiéterais peu ; mais il y a autre chose, et il

« est impossible de se faire illusion à cet égard.

« Il y a dans les dispositions d'une grande par-
« tie des populations italiennes, dans les inten-
« tions des hommes qui agissent sur elles, un
« sentiment qui va bien au-delà des perfection-
« nements intérieurs des institutions et des gou-
« vernements. Il y a le désir d'un remaniement
« des territoires, le désir de l'un de ces faits
« qui ne s'accomplissent que par la guerre et
« les révolutions. Je croirais faire insulte à la
« vérité et au bon jugement de la Chambre, si
« j'insistais pour prouver un fait qui éclate tous
« les jours, à tous les yeux, en Italie.

« Eh bien, Messieurs, ce fait, cette tendance,
« nous ne pouvons, nous ne voulons pas l'ac-
« cepter ni y concourir.

« . . . . . Une telle entreprise pourrait con-
« duire à donner pendant un certain temps,
« dans tel ou tel des États Italiens, le pouvoir,
« la prépondérance à des passions et à des idées
« anarchiques que nous ne seconderons nulle
« part.

« Tel nous apparaît l'état des populations
« italiennes. La base de notre politique est par
« là même indiquée.

« Nous nous sommes appliqués à encoura-

« ger, à soutenir les souverains qui ont entre-
« pris d'accomplir les réformes intérieures dont
« leurs pays ont besoin, par les voies régulières
« et pacifiques.

« Un honorable préopinant me reprochait
« tout à l'heure de ne l'avoir pas fait suffisam-
« ment, il ne l'a pas trouvé du moins suffisam-
« ment dans les dépêches que j'ai mises sous les
« yeux de la Chambre :

« En général il n'est pas, je crois, d'une
« bonne politique, ni d'une parfaite conve-
« nance, de publier les conseils, même amis,
« qu'on adresse à des gouvernements, à des sou-
« verains. Il ne faut le faire que rarement et
« *avec une grande réserve, par égard pour les*
« *convenances, et dans l'intérêt du succès.* Mais
« je puis annoncer à l'honorable membre que
« les encouragements, les avis, tout ce qui nous
« a paru propre à soutenir, à aider les gouver-
« nements dans les voies de réforme où ils sont
« entrés, n'a pas manqué de notre part.

« Indépendamment de cela, nous nous som-
« mes appliqués à encourager, à soutenir, à
« rallier autour des gouvernements tous les
« hommes modérés qui, en Italie, ne souhai-
« taient que les réformes dans lesquelles se ren-

« fermait notre propre désir. Nous avons pensé
« et nous pensons que ce qui importe le plus
« dans les États Italiens, c'est de former autour
« des gouvernements un parti modéré et gou-
« vernemental, libéral et pratique, qui les sou-
« tienne, les avertisse et les aide à avancer dans
« la voie où ils sont entrés. Tous nos efforts,
« tout notre travail en Italie a porté et porte
« vers la formation d'un semblable parti.

« *Enfin nous nous sommes soigneusement abs-*
« *tenus de toute excitation, de toute parole qui*
« *ait pu entretenir des illusions que nous ne vou-*
« *lions pas satisfaire.* Parmi les sentiments qui
« animent les populations italiennes et qui leur
« font désirer des événements que je regarde
« comme chimériques, il en est de très-géné-
« reux, de très-nobles, de très-bons, qu'il est
« douloureux d'affliger; mais il vaut mieux les
« affliger que les tromper. .   .   .   .
« L'avenir de l'Italie, précisément à cause de
« ces dispositions populaires, m'inspire de pro-
« fondes inquiétudes. Mais ces inquiétudes
« sont une raison de plus pour persister dans
« la politique que nous avons pratiquée jusqu'à
« présent. C'est évidemment la seule qui puisse
« servir les souverains et les modérés italiens,

« et les aider à conduire à bonne fin l'œuvre
« qu'ils n'ont fait encore que commencer.

« D'ailleurs au milieu de ces inquiétudes que
« m'inspire l'avenir de l'Italie, j'ai, pour espérer,
« une grande raison, une raison que, malgré
« tout ce qu'on en a dit, je crois plus puis-
« sante que ce qu'on en a dit : c'est le Pape.

« L'honorable M. de Montalembert trouve
« quelque tiédeur, quelque indifférence dans le
« langage que j'ai tenu au gouvernement ro-
« main et au Pape.... M. de Montalembert a une
« préoccupation presque exclusive : ce sont les
« intérêts de la foi et de la liberté religieuse.

« Je suis fort loin de l'en blâmer ; je porte,
« comme lui, un attachement parfait aux inté-
« rêts de la foi et de la liberté religieuse. Mais
« un gouvernement est obligé de penser à autre
« chose ; il a d'autres intérêts dont il doit aussi
« se préoccuper. Et même pour que la foi et
« la liberté religieuse prospèrent, il y a des con-
« ditions temporelles, des conditions d'ordre
« public, des conditions de bonne politique
« que le gouvernement doit leur assurer....

« Je reviens au sujet : une grande cause d'es-
« pérance dans l'avenir de l'Italie, je le disais
« tout à l'heure, c'est le Pape.

« Le Pape a fait une grande chose, une chose
« qui,. depuis bien des siècles peut-être, n'était
« venue spontanément dans la pensée d'aucun
« souverain. Il a entrepris volontairement, sin-
« cèrement, la réforme intérieure de ses États.
« Ce fait est immense, et, à ce titre seul, une im-
« mense confiance est due au Pape ; *les Italiens*
« *ne seraient pas pardonnables, s'ils man-*
« *quaient de confiance envers le Pape.*

« *Mais qu'est-ce qui manque, en général, à*
« *la plupart des grands réformateurs ? Un point*
« *d'arrét, un principe de résistance. Quand*
« *une fois ils ont imprimé un mouvement, quand*
« *ils s'y sont eux-mémes abandonnés, en géné-*
« *ral le mouvement les emporte fort au-delà de*
« *leur première pensée ;* ils ne retrouvent plus
« le gouvernail qu'ils ont laissé échapper.

« Il y a en même temps, grâce à Dieu, dans
« la situation du Pape, à côté d'un principe
« admirable et puissant de réforme, un principe
« admirable et puissant de résistance. Le Pape
« est avant tout un souverain spirituel, le chef
« de l'Église. Eh bien, vous avez entendu, il y a
« peu de jours, un discours qui vous disait que
« le catholicisme était inconciliable avec la li-
« berté. Cela se dit, cela se dira beaucoup en

« Europe. Un homme, qui porte le nom du
« chef célèbre de la Jeune-Italie, M. Mazzini,
« a fait un ouvrage pour établir que la Papauté
« est inconciliable avec la liberté.

« *Au fond, qu'est-ce que cela veut dire, si-*
« *non que la souveraineté spirituelle du Pape,*
« *la Papauté elle-même, seront inquiétées et*
« *menacées,* et que le Pape a grand besoin et
« grande raison d'y veiller? *Il doit veiller sur*
« *sa souveraineté spirituelle* qu'il ne peut pas
« sacrifier ni laisser entamer, car c'est son es-
« sence même, c'est l'Église, et *en même temps*
« *il doit veiller sur les conditions temporelles*
« *auxquelles cette souveraineté est attachée, et*
« *qui sont nécessaires à son indépendance et à*
« *sa réalité.* [Très-bien! Très-bien (1)!] Il y a
« là, soyez-en certains, continuait M. Guizot,
« il y a dans le caractère essentiel du Pape un
« principe de résistance, un point d'arrêt qui
« ne manquera pas. C'est-là ce qui fait surtout
« ma confiance dans l'avenir de l'Italie.

« *Je sais que les partis révolutionnaires sont*
« *arrogants; je sais qu'ils font bon marché de*
« *la religion, du Catholicisme, de la Papauté;*

---

(1) *Moniteur* du 13 janvier 1848.

« *qu'ils se figurent qu'ils enlèveront tout cela*
« *comme un torrent, en le poussant devant eux.*
« *Ils l'ont essayé plus d'une fois; ils ont cru*
« *qu'ils avaient emporté ces vieilles grandeurs*
« *de la société humaine; elles ont reparu der-*
« *rière eux; elles ont reparu plus grandes*
« *qu'eux. Ce qui a surmonté le pouvoir de la*
« *révolution française et de Napoléon, surmon-*
« *tera bien les fantaisies de la Jeune-Italie.*

« C'est là la grande, la fondamentale raison
« pour laquelle j'ai confiance dans l'avenir de
« l'Italie. Mais, comme je le disais tout à
« l'heure, c'est une raison de plus de persister
« dans la politique que nous avons pratiquée
« jusqu'à présent; c'est une raison de plus de
« soutenir et les gouvernements italiens réfor-
« mateurs, et les partis modérés qui les entou-
« rent. J'ai la confiance que les autres souve-
« rains de l'Italie, convaincus de la nécessité
« d'entrer dans les mêmes voies que le Pape,
« auront la même sagesse et la même résolu-
« tion.

« Et j'ai aussi la confiance que du dehors il ne
« viendra aucun obstacle grave à cette grande
« entreprise.

« Personne ne peut se dissimuler les diffi-

« cultés de l'Autriche en Italie ; personne ne
« peut méconnaître qu'elle se sent menacée
« dans son existence italienne. Il est très-natu-
« rel qu'elle se défende chez elle, qu'elle
« prenne les précautions dont elle a besoin
« pour sa propre sûreté. Ce qu'on a le droit de
« lui demander, ce que nous lui avons toujours
« demandé, c'est de n'apporter aucune atteinte
« à l'indépendance des autres souverains ita-
« liens dans leurs États, de ne point s'opposer
« à ce travail de réformes régulières et pacifi-
« ques qu'ils ont commencé.

« On peut espérer que, si ce travail se con-
« tinue dans les mêmes voies et sous l'inspira-
« tion des mêmes principes, en échappant de
« plus en plus à l'emportement des passions ré-
« volutionnaires, l'Autriche n'y apportera en
« effet aucun obstacle sérieux et dangereux.

« . . . . »

En terminant, « à l'appui, non, comme il
le disait lui-même, pour l'utilité et pour la pa-
rure de la discussion, mais pour bien établir en
fait le vrai caractère de la politique du gouvernement, » M. Guizot lisait à la Chambre cette
dépêche écrite par lui à M. Rossi.

M. Guizot à M. le comte Rossi.

(Particulière.)

Paris, le 27 septembre 1847.

« Notre politique envers Rome et l'Italie,
« quelques efforts que fassent nos ennemis de
« tout genre et de tout lieu pour la représenter
« faussement, est si simple, si nette, qu'il est
« impossible qu'on la méconnaisse longtemps.
« Que veut le Pape ? faire dans ses États les ré-
« formes qu'il juge nécessaires. Il le veut pour
« bien vivre avec ses sujets, en faisant cesser,
« par des satisfactions légitimes, la fermenta-
« tion qui les travaille, et pour faire reprendre
« à l'Église, à la religion, dans nos sociétés mo-
« dernes, dans le monde actuel, la place, l'im-
« portance, l'influence qui leur conviennent.

« Nous approuvons l'un et l'autre dessein ;
« nous les croyons bons l'un et l'autre, *pour*
« *la France comme pour l'Italie, pour le Roi à*
« *Paris, comme pour le Pape à Rŏme.* Nous
« voulons soutenir et seconder le Pape dans
« leur accomplissement. Quels sont les obsta-
« cles, les dangers qu'il rencontre ? Le danger
« stationnaire, et le danger révolutionnaire. Il
« y a, chez lui et en Europe, des gens qui veu-
« lent qu'il ne fasse rien, qu'il laisse toutes

« choses absolument comme elles sont. Il y a,
« chez lui et en Europe, des gens qui veulent
« qu'il bouleverse tout, qu'il remette toutes
« choses en question, au risque de se remettre
« en question lui-même, *comme le souhaitent au*
« *fond ceux qui le poussent dans ce sens.* Nous
« voulons, nous, aider le Pape à se défendre,
« et, au besoin, le défendre nous-mêmes de ce
« double danger. Nous ne sommes pas du tout
« stationnaires et pas du tout révolutionnaires,
« pas plus pour Rome que pour la France.
« Nous savons, par notre propre expérience,
« qu'il y a des besoins sociaux qu'il faut satis-
« faire, des progrès qu'il faut accomplir, et que
« le premier intérêt des gouvernements, c'est
« de vivre en harmonie et en bonne intelligence
« avec leur peuple et leur temps. Nous savons,
« par notre propre expérience, que *l'esprit ré-*
« *volutionnaire est ennemi de tous les gouver-*
« *nements, des modérés comme des absolus, de*
« *ceux qui font des progrès comme de ceux*
« *qui les repoussent tous, et que le premier inté-*
« *rêt d'un gouvernement sensé et qui veut vivre,*
« *c'est de résister à l'esprit révolutionnaire.* C'est
« là la politique du juste-milieu, la politique
« du bon sens,... que nous conseillons au Pape...

« Et non-seulement nous la lui conseillons ,
« mais nous sommes décidés et prêts à l'y aider,
« *sans hésitation aussi bien que sans bruit,*
« *comme il convient à lui et à nous, c'est-à-dire*
« *à des gouvernements réguliers qui veulent*
« *marcher à leur but et non pas courir les aven-*
« *tures.*

« Voilà pour le fait général : je viens aux faits
« particuliers et aux noms propres. On dit que
« nous nous entendons avec l'Autriche, que le
« Pape ne peut pas compter sur nous dans ses
« rapports avec l'Autriche. Mensonge que tout
« cela, mensonge intéressé et calculé du parti
« stationnaire, qui veut nous décrier parce que
« nous ne lui appartenons nullement, et du
« parti révolutionnaire, qui nous attaque par-
« tout parce que nous lui résistons efficace-
« ment.

« Nous sommes en paix et en bonnes rela-
« tions avec l'Autriche, et nous désirons y rester,
« parce que les mauvaises relations *et la guerre*
« *avec l'Autriche, c'est la guerre générale et la*
« *révolution en Europe.* Nous croyons que le
« Pape aussi a un grand intérêt à vivre en paix
« et en bonnes relations avec l'Autriche, parce
« que c'est une grande puissance catholique

« en Europe et une grande puissance en Italie.
« La guerre avec l'Autriche, c'est l'affaiblisse-
« ment du Catholicisme et le bouleversement
« de l'Italie. Le Pape ne peut pas en vouloir.

« Nous savons que probablement ce que le
« Pape veut et a besoin d'accomplir, les ré-
« formes dans ses États, les réformes ana-
« logues dans les autres États Italiens, tout
« cela ne plaît guère à l'Autriche ; pas plus
« que ne lui a plu notre révolution de Juillet,
« quelque légitime qu'elle fût, et que ne lui
« plaît notre gouvernement constitutionnel,
« quelque conservateur qu'il soit. Mais nous
« savons aussi que les gouvernements sensés ne
« règlent pas leur conduite selon leurs goûts ou
« leurs déplaisirs.

« Nous avons reconnu par nous-mêmes que
« le gouvernement autrichien est un gouverne-
« ment sensé, capable de se conduire avec mo-
« dération et d'accepter la nécessité. Nous
« croyons qu'il peut respecter l'indépendance
« des souverains italiens, même quand ils font
« chez eux des réformes qui ne lui plaisent pas,
« et écarter toute idée d'intervention dans leurs
« États. C'est en ce sens que nous agissons à
« Vienne. Si nous réussissons, cela doit conve--

« nir au Pape autant qu'à nous. Si nous ne réus-
« sissons pas, si la folie du parti stationnaire ou
« celle du parti révolutionnaire, ou toutes les
« deux ensemble, amenaient une intervention
« étrangère, voici ce que dès aujourd'hui je
« puis vous dire : ne laissez au Pape aucun
« doute qu'en pareil cas nous le soutiendrions
« efficacement, lui, son gouvernement et sa
« souveraineté, son indépendance, sa dignité.

« On ne règle pas d'avance, on ne proclame
« pas d'avance tout ce qu'on ferait dans des hy-
« pothèses qu'on ne pourrait connaître d'a-
« vance complétement et avec précision; mais
« que le Pape soit parfaitement certain que, s'il
« s'adressait à nous, notre plus ferme et plus
« actif appui ne lui manquerait pas. »

« Je crois, ajoutait M. Guizot, que M. le comte
« de Montalembert ne trouvera pas cette lettre
« tiède et indifférente : c'est toute notre poli-
« tique. »

Et la Chambre des pairs faisait, comme le de-
mandait M. Cousin (1), « passer le langage du
ministre des affaires étrangères sur la magna-

---

(1) Chambre des pairs. Séance du 12 janvier 1848.

nime entreprise de Pie IX, de son discours dans
l'Adresse (1). »

Devant la Chambre des députés enfin, le 29

---

(1) Le § 6 de l'Adresse, dans la rédaction de la commission,
ne faisait aucune mention de l'Italie ni du Saint-Père. « …. Nos
vœux, disait-il seulement, accompagneront les progrès que
chaque pays pourra accomplir dans son action propre et indépendante… » Sur le renvoi unanime de la Chambre, la commission ajouta : « Une ère nouvelle de civilisation et de liberté
s'ouvre pour les États Italiens. Nous secondons de toute notre
sympathie et de toutes nos espérances le Pontife magnanime
qui l'inaugure avec autant de sagesse que de courage, et les
Souverains qui suivent, comme lui, cette voie de réformes pacifiques où marchent de concert les gouvernements et les
peuples. » M. Victor Hugo prit la parole sur cette nouvelle
rédaction :

« Messieurs, les années 1846 et 1847 ont vu se produire un
« événement considérable.

« Il y a, à l'heure où nous parlons, sur le trône de saint
« Pierre, un homme, un Pape, qui a subitement aboli toutes
« les haines, toutes les défiances, je dirais presque toutes les
« hérésies et tous les schismes ; qui s'est fait admirer à la fois,
« non-seulement des populations qui vivent dans l'Église ro-
« maine, mais de l'Angleterre non catholique, mais de la
« Turquie non chrétienne ; qui a fait faire enfin, en un jour
« pourrait-on dire, un pas à la civilisation humaine. Et cela
« comment? De la façon la plus calme, la plus simple et la
« plus grande, en communiant publiquement, lui Pape, avec
« les idées des peuples, avec les idées d'émancipation et de
« fraternité. Contrat auguste; utile et admirable alliance de
« l'autorité et de la liberté, de l'autorité sans laquelle il n'y a

janvier, à l'Opposition qui, pour elle, trouvant
trop lent le triomphe de la Révolution, reprochait également au cabinet sa politique modé-

---

« pas de société, de la liberté sans laquelle il n'y a pas de
« nation !

« Messieurs les Pairs, ceci est digne de vos méditations.
« Approfondissez cette grande chose.

« Cet homme, qui tient dans ses mains les clefs de la pen-
« sée de tant d'hommes, il pouvait fermer les intelligences, il
« les a ouvertes. Il a posé l'idée d'émancipation et de liberté
« sur le plus haut sommet où l'homme puisse poser une lu-
« mière. Ces principes éternels que rien n'a pu souiller et que
« rien ne pourra détruire, qui ont fait notre révolution et
« lui ont survécu, ces principes de droit, d'égalité, de devoir
« réciproque, qui, il y a cinquante ans, étaient un moment
« apparus au monde, toujours grands sans doute, mais farou-
« ches, formidables et terribles sous le bonnet rouge, Pie IX
« les a transfigurés, il vient de les montrer à l'univers rayon-
« nants de mansuétude, doux et vénérables sous la tiare. C'est
« que c'est là leur véritable couronne en effet ! Pie IX enseigne
« la route bonne et sûre aux rois, aux peuples, aux hommes
« d'État, aux philosophes, à tous. Grâces lui soient rendues !
« Il s'est fait l'auxiliaire évangélique, l'auxiliaire suprême et
« souverain de ces hautes vérités sociales que le continent, à
« notre grand et sérieux honneur, appelle les idées françaises.
« Lui, le maître des consciences, il s'est fait le serviteur de la
« raison. Il est venu, révolutionnaire rassurant, faire voir aux
« nations, à la fois éblouies et effrayées par les événements
« tragiques, les conquêtes, les prodiges militaires et les
« guerres de géants qui ont rempli la fin du dernier siècle et
« le commencement de celui-ci, il est venu faire voir aux na-

rée, comme l'abandon de la cause italienne,
M. Guizot, toujours sur la brèche, répondait
encore :

« ..... Voici la base de notre politique, de
« toute notre conduite : le droit permanent et
« positif, les faits existants et reconnus. C'est la
« règle de tout gouvernement sensé et régu-
« lier.

« Le droit permanent est ceci : point de révo-
« lution, point de guerre... Je sais, autant que
« qui que ce soit, qu'il y a des révolutions légi-
« times et nécessaires, des guerres légitimes et
« nécessaires. Mais ce sont des exceptions dans
« la destinée des peuples. Quand ces exceptions
« se présentent, il faut les accepter et les accom-

« tions que, pour féconder le sillon où germe l'avenir des
« peuples libres, il n'est pas nécessaire de verser le sang, il
« suffit de répandre les idées ; que l'Évangile contient toutes
« les chartes ;..... que, lorsqu'il le veut, l'homme de paix est
« un plus grand conquérant que l'homme de guerre, et un
« conquérant meilleur ; que celui-là, qui a dans l'âme la vraie
« charité divine, la vraie fraternité humaine, a en même temps
« dans l'intelligence le vrai génie politique, et qu'en un mot,
« pour qui gouverne les hommes, c'est la même chose d'être
« saint et d'être grand. . . . .
« . . . . »

La nouvelle rédaction du paragraphe fut adoptée à l'unanimité (13 janvier).

« plir résolûment; mais il ne faut les accepter
« qu'à la dernière extrémité et devant la néces-
« sité absolue, et *il faut les limiter le plus pos-*
« *sible, et les terminer le plus tôt possible pour*
« *rentrer dans la paix et dans l'ordre.*

« C'est là la base de notre politique, et nous
« nous attachons d'autant plus fermement à cette
« base, que nous nous trouvons en présence et
« plus près des chances de révolution et de
« guerre, soit au dedans, soit au dehors de
« notre pays.

« Que font au contraire nos adversaires ? *Dès*
« *qu'une chance de révolution se montre quelque*
« *part*, dès qu'une semblable perspective se
« laisse entrevoir, *ils l'agrandissent, ils l'aggra-*
« *vent, ils veulent lui faire produire des résultats*
« *tout autres que ceux qu'elle annonce; ils*
« *veulent que tout soit remis en question, que*
« *tout soit remanié, ... populations, territoires,*
« *destinées et institutions.*

« *On peut vouloir remettre l'ordre et la lu-*
« *mière dans le monde entier, mais il ne faut pas*
« *commencer par y mettre le chaos; car per-*
« *sonne ne sait quel jour, ni comment, l'ordre et*
« *la lumière y rentrent quand une fois le chaos*
« *y a été mis.* »

Et, comme application, passant à la question Italienne, M. Guizot ajoutait :

« Voici maintenant, en y regardant de plus
« près, quelles sont les bases et les raisons de
« notre politique dans la question Italienne.

« La France a en Italie des intérêts d'équi-
« libre européen, des intérêts de paix euro-
« péenne, des intérêts de politique religieuse,
« et des intérêts de politique libérale et mo-
« dérée.

« Les intérêts d'équilibre européen, que nous
« prescrivent-ils quant à l'Italie? Qu'aucune
« puissance n'y soit dominante. Nous ne pou-
« vons pas, nous ne devons pas l'être nous-
« mêmes ; il faut qu'aucune autre ne le soit.

« Quelle est pour nous la garantie qu'aucune
« puissance ne sera dominante en Italie? C'est
« l'indépendance des puissances Italiennes. Que
« les gouvernements italiens, que les États Italiens
« soient réellement indépendants chez eux,
« l'intérêt de la France, quant à l'équilibre eu-
« ropéen en Italie, est pleinement satisfait.

« Eh bien, que se passe-t-il en Italie, en ce
« moment? La meilleure manière d'établir,
« d'affermir son indépendance, c'est de la prou-
« ver par des actes. Est-ce que les actes des gou-

« vernements italiens, est-ce que les actes du
« Saint-Siége, du Grand-Duc de Toscane, du
« Roi de Piémont, depuis un an, ne prouvent pas
« et n'affermissent pas leur indépendance? Est-
« ce que ces princes ne se sont pas montrés de
« véritables princes italiens? Est-ce qu'ils n'ont
« pas, plus peut-être qu'on ne l'attendait, fait
« cause commune avec leurs peuples? Est-ce
« qu'ils ne se sont pas montrés libres de toute
« influence étrangère, de toutes prétentions
« étrangères? Est-ce que vous ne voyez pas
« l'indépendance des États Italiens grandir visi-
« blement sous vos yeux? Est-ce que nous n'a-
« vons pas prêté à ce progrès de l'indépen-
« dance des États Italiens tout notre appui, dans
« les limites et par les moyens qu'ils nous ont
« eux-mêmes indiqués? Nous avons veillé, il
« est vrai, à ce que notre appui ne les compro-
« mît pas au-delà de leur propre volonté, de
« leur propre désir. Quand il s'est agi des
« incidents de Ferrare. . . . .
« . . . . . nous avons fait par la voie des
« négociations ce qui pouvait seconder le tra-
« vail des gouvernements d'Italie pour assu-
« rer et établir leur indépendance. Quand ils
« nous ont demandé des armes, comme ga-

« rantie de leur indépendance, nous les leur
« avons données.... Est-ce que ce n'est pas là
« aider à l'indépendance des États Italiens? Est-
« ce que ce n'est pas là seconder le mouve-
« ment qui les porte à l'affermir ?

« . . . . . L'Autriche elle-même n'a pas com-
« battu ce progrès; l'Autriche elle-même, et ce
« sont des paroles qu'il faut que je fasse entrer
« dans l'esprit de la Chambre (la gauche, au
« nom de l'Autriche, comme toujours, se ré-
« criait) et du pays, l'Autriche elle-même s'est
« conduite dans ces circonstances avec beau-
« coup de modération; elle a été modérée dans
« les principes qu'elle a exprimés, et dans les
« actes qu'elle a faits, . . . et n'a pas combattu
« un progrès qui s'accomplissait sous ses yeux,
« probablement contre son désir, mais que dans
« sa raison elle n'a pas cru devoir entraver. . .
« Voyons pour la paix européenne.

. . . .

« . . Il n'y a aucun homme sensé qui ne
« sache qu'il n'y a aujourd'hui point de ques-
« tion de paix isolée en Europe; que tout se
« tient, tout se lie : une question de paix ita-
« lienne est inévitablement une question de
« paix européenne. Croyez-vous ou ne croyez-

« vous pas que la paix italienne soit compro-
« mise ? Croyez-vous ou ne croyez-vous pas
« qu'il y ait en Italie un mouvement énergique,
« redoutable, qui travaille à susciter la guerre
« dans la Péninsule, à chasser par la guerre
« l'Autriche de l'Italie, à amener le remanie-
« ment territorial de l'Italie tout entière? Tous
« les faits, tous les écrits, toutes les paroles
« vous expriment ce dessein, cette intention,
« cette passion.

« Ces jours derniers, un des chefs de la Jeune
« Italie, *M. Mazzini*, m'écrivait de Londres, le
« 14 janvier, par la voie du *National*, pour me
« dire que c'était là ce qu'il voulait, ce qu'il
« faisait, ce à quoi il travaillait, ce qu'il espé-
« rait bien accomplir, et que lui et ses amis ne
« cesseraient pas de susciter toutes les popu-
« lations et d'entraîner tous les gouvernements
« en Italie vers ce but.

. . . .

« Voyons les intérêts de la politique reli-
« gieuse.
« C'est à dessein que je me sers de ce mot et
« que je dis : de la politique religieuse, et non
« pas : de la religion.
« L'État n'est pas chargé des intérêts de la

« religion. Je tiens plus que personne à main-
« tenir ce principe salutaire, qui est dans nos
« lois et dans nos mœurs : que la religion ap-
« partient à chaque homme, à chaque être in-
« dividuel et réel, qui en rendra compte devant
« Dieu. L'État n'en est pas chargé. Mais cela ne
« veut pas dire que la politique de l'État ne
« doive pas être religieuse; cela ne veut pas
« dire que la religion ne doive pas tenir une
« grande place dans la conduite des affaires de
« l'État.

« Eh bien, quel est aujourd'hui le fait qui
« résulte de vos sentiments, de vos conversa-
« tions à tous? Quel est l'intérêt dominant, su-
« périeur, de la politique religieuse pour la
« France?

« *C'est la réconciliation, la réconciliation non*
« *pas apparente, superficielle, mais la réconci-*
« *liation sincère, sérieuse, profonde de la reli-*
« *gion et en particulier de l'Église catholique*
« *avec la société moderne, avec les mœurs, les*
« *idées, les institutions modernes.*

« C'est là l'intérêt capital, le besoin domi-
« nant, sous le point de vue religieux et moral,
« de notre temps et de notre pays.

« Messieurs, on a si bien le sentiment de la né-

« cessité de cette réconciliation, de ce rétablis-
« sement de l'harmonie entre la société pré-
« sente, mortelle, temporelle, et les croyances
« supérieures, éternelles, impérissables des
« hommes, le besoin de cette harmonie est si
« profondément senti, que des efforts ont été
« faits, de bien des côtés, sans y réussir.

« Mais, permettez-moi de le dire, jusqu'à nos
« jours, jusqu'au pape Pie IX, ces efforts ont
« été le travail d'esprits un peu aveugles, em-
« portés ; c'étaient... des radicaux, des hommes
« imbus des idées radicales, qui essayaient d'ac-
« commoder le catholicisme à la société mo-
« derne. Jusqu'à ces derniers temps, c'était là
« ce que nous avons vu ; et il faut bien dire
« que ces efforts, quoique tentés sincèrement
« par un assez grand nombre d'hommes, étaient
« repoussés, désavoués par le corps de l'Église
« catholique ; ils n'atteignaient point le but
« qu'ils poursuivaient. Il est arrivé, et tout à
« l'heure l'honorable M. de Lamartine ap-
« pelait cela une immense bonne fortune de
« l'humanité, il est arrivé que le chef lui-même
« de l'Église a senti la nécessité de cette grande
« réconciliation dont nous parlons ; qu'il a com-
« pris la nécessité de faire une juste part aux

« intérêts, aux idées, aux sentiments de la so-
« ciété moderne.

« Les deux plus grands faits qui se soient
« accomplis de nos jours à cet égard, c'est le
« pape Pie VII venant sacrer l'empereur Na-
« poléon à Paris, et le pape Pie IX consacrant
« par son attitude, par sa conduite, ce qu'il y
« a de vrai, de juste, de légitime, de moral
« dans les croyances et les idées modernes.

« Voilà les deux grands faits à la fois sociaux
« et religieux de notre temps.

« Mais, permettez-moi de vous le dire, Mes-
« sieurs, vous oubliez les conditions de ces faits-
« là, vous oubliez les conditions de leur succès.
« *Savez-vous ce qu'il faut pour que le Pape*
« *Pie IX réussisse dans la grande œuvre qu'il*
« *a entreprise? Il faut qu'on ne lui demande pas*
« *ce qu'il ne peut pas et ne doit pas faire comme*
« *Pape; il faut qu'on n'entame pas sa souve-*
« *raineté, sa souveraineté spirituelle et les con-*
« *ditions temporelles de sa souveraineté spiri-*
« *tuelle; il faut que la Papauté reste entière.*
« *Vous pouvez bien lui demander, et elle a grande*
« *raison de poursuivre, la réconciliation de la*
« *religion avec la société moderne; mais elle ne*
« *peut pas s'abdiquer elle-même, elle ne peut pas*

« *se détruire elle-même; il faut qu'elle se main-*
« *tienne dans toute sa splendeur et dans toute*
« *sa pureté. C'est l'honneur et la gloire et le*
« *besoin de l'Italie, aussi bien que de la ville de*
« *Rome et de la papauté elle-même.*

« *Il faut donc qu'on ne demande au Pape*
« *que ce qu'il peut faire, et en même temps il*
« *faut que le Pape soit bien soutenu contre ceux*
« *qui voudraient lui faire faire plus ou autre*
« *chose.*

« Eh bien, vous ne pouvez vous dissimuler que
« le Pape est aujourd'hui soumis à la pression
« de deux forces qui travaillent à s'emparer de
« lui et à faire de lui un instrument. On veut
« s'emparer du Pape pour en faire un instru-
« ment de guerre contre l'Autriche. On veut
« qu'il devienne l'instrument de ce fait-là, et
« en même temps on pèse sur lui pour qu'il
« devienne, dans l'organisation des sociétés ita-
« liennes, l'instrument d'idées, de théories que
« j'appellerai..., que je n'appellerai pas si on ne
« veut pas, radicales ou révolutionnaires, mais
« qui ne conviennent pas à l'ordre, qui ne con-
« viennent pas à l'organisation régulière et pa-
« cifique des sociétés. On veut se servir du Pape
« pour le remaniement de l'Italie, et pour une

« organisation politique bien près d'être répu-
« blicaine. » *Constitutionnelle!* interrompait
M. Glais-Bizoin. « Messieurs „ reprenait alors
« M. Guizot, il y a un degré de confusion dans
« les idées et dans les termes où il est im-
« possible de porter la lumière. Je ne sais com-
« ment m'y prendre pour réfuter certaines
« erreurs, certaines assertions qui éclatent au-
« tour de moi !

« Il ne s'agit pas du tout de constitution à
« l'heure qu'il est ! De quoi il s'agira dans dix
« ans, dans vingt ans, je ne le sais pas ; je ne
« suis pas obligé de traiter aujourd'hui à cette
« tribune les questions que nos successeurs y
« traiteront. Je traite les questions actuelles.
« Or, quant à présent, il ne s'agit pas de consti-
« tution dans les États italiens...

« Je reviens à mon idée, et je dis qu'il y a
« des influences, des forces qui pèsent sur le
« Pape et qui lui demandent des choses qu'il
« ne peut pas et qu'il ne doit pas faire.

« Le Pape ne peut être qu'un instrument
« d'ordre et de paix. Et quand je dis un ins-
« trument, je lui en demande pardon à lui-
« même, ce n'est pas le mot dont je dois me
« servir : *Le Pape ne peut soutenir que la cause*

« *de l'ordre, de la paix et de l'amélioration ré-*
« *gulière, pacifique des sociétés.* Il n'est pas,
« depuis tant de siècles, le représentant le plus
« éminent des idées de conservation, de perpé-
« tuité, d'ordre, pour venir les abdiquer en ce
« moment et se faire un instrument de guerre,
« de désordre et d'anarchie; il ne le fera pas. »
Et la chambre éclatait en bravos.

« *Comptez sur la nature de l'institution au-*
« *tant que sur le caractère de l'homme; le Pape,*
« *le pontife, le prêtre, s'il le fallait, sauverait le*
« *souverain qui, je l'espère, n'est pas compro-*
« *mis.* » Et les applaudissements recommen-
çaient.

« Voilà, Messieurs, ce que j'appelle la poli-
« tique religieuse, et c'est celle que nous avons
« pratiquée et que nous soutenons en Italie :
« c'est celle que nous soutiendrons. »

Au milieu des clameurs de l'opposition, la
Chambre votait (1) à la presque unanimité le
paragraphe 5 de l'Adresse. « . . . . . Comme
vous, Sire, nous espérons que les progrès de la
civilisation et de la liberté s'accompliront par-

---

(1) 31 janvier 1848.

tout sans altérer ni l'ordre intérieur, ni l'indépendance, ni les bonnes relations des États. Nos
sympathies et nos vœux suivent ces souverains
et ces peuples italiens qui marchent de concert
dans cette voie nouvelle avec une prévoyante
sagesse dont l'auguste chef de la Chrétienté
leur a donné le touchant et magnanime
exemple. »

Voilà ce qui donnait confiance à la Papauté :
c'était cet appui constant, infatigable ; c'était le
gouvernement français lui conseillant les réformes comme en 1831, l'encourageant dans cette
voie, comme en 1846, quand il les croyait propres à la fortifier dans le cœur des populations,
aux moments toujours choisis où la Révolution
abattue n'offrait plus aucun danger ; mais la
modérant tout le premier dès que le péril pa-
raissait, quand dans son élan libéral elle se laissait entraîner trop loin à la merci des partis ; la
défendant toujours, pour elle-même et non par
lutte d'influence contre l'Autriche, au risque de
se voir reprocher une fois de plus de vouloir
assurer la paix « à tout prix », au risque d'être
taxé d'abandonner ses principes d'origine ; la
défendant, par la parole et par l'action, devant

la France, devant l'Europe, de l'affection entraî-
nante de M. de Montalembert, comme de la
haine de la Révolution;

La Papauté marchant à la tête du mouvement
libéral, à l'admiration du monde, avec la reconnaissance de ses sujets; l'Italie tout entière en-
traînée à sa suite par l'exemple auguste du
Saint-Père;

Le Grand-Duc de Toscane réorganisant l'U-
niversité de Pise, rendant ses ordonnances du
3 décembre 1846 « pour mettre en harmonie les
différents degrés d'instruction publique avec le
développement et les progrès de la société civile », accordant, par le décret sur la Presse du
6 mai 1847, les plus larges modifications au régime de censure, autorisant la publication de
journaux politiques, avec droit de discussion
sur les affaires publiques et les actes du gouvernement; faisant rédiger (1) un code civil et un
code pénal nouveaux, cette législation criminelle
« une des plus douces qu'il y ait en Europe (2)»;
organisant une garde nationale (3); s'occupant
d'établir des municipalités fondées sur le prin-

---

(1) 31 mai 1847.
(2) *France* du 25 novembre 1864.
(3) Octobre 1847.

8

cipe de l'élection populaire, des conseils provinciaux également sur la base élective, enfin une
représentation centrale ;

Le Roi de Naples abolissant, en 1846, les commissions militaires créées par l'ordonnance du
28 mai 1826 pour juger les délits politiques,
déférés désormais aux tribunaux ordinaires ;
accordant, le 29 janvier 1848, une Constitution
fondée sur les mêmes principes que la Constitution française, avec deux Chambres et la responsabilité des ministres, la liberté de la Presse, une
garde nationale ; et proclamant l'amnistie ;

Parme, Modène, le Roi de Sardaigne lui-même
entrant dans la voie des réformes libérales dont
il s'était montré le plus violent adversaire ;

La *Ligue douanière* conclue entre le Pape, le
Grand-Duc de Toscane et le Roi de Sardaigne, le
symptôme le plus éclatant et le plus important
de la rénovation italienne, le premier anneau
de cette chaîne qui devait reconstituer l'Italie
par l'Union de ses différents États, la seule Italie possible, la seule Italie désirable pour la
France, la seule désirée par les Italiens ; « pour
la première fois, suivant l'expression de M. de
Montalembert, figurant dans le langage officiel
la dignité et l'intérêt de l'Italie prise dans son

entier, de la nation Italienne : ces grands noms qui s'étaient trouvés dans les écrits des poëtes, des philosophes, des politiques, mais qui depuis trois siècles ne se trouvaient plus sous la plume des princes et des ministres, ces grands noms écrits maintenant dans le préambule de la *Ligue douanière*, et par le fait des Princes eux-mêmes » ;

Cette grande Ligue Catholique enfin, la France en tête, rêve de Henri IV et de Louis XIV, politique traditionnelle du pays, ce qu'on baptise aujourd'hui du nom un peu idéal d'Alliance des *Races latines*, réalisée sans guerre, par la seule force morale ; l'Italie, après la Belgique, après l'Espagne, après le Portugal, calquant, à Naples, à Turin, à Florence, à Rome autant que cela se pouvait, ses Chartes sur celle de 1830 ;

Voilà ce que cette confiance donnée au Saint-Père en lui-même, cet accord du cabinet des Tuileries et de la cour de Rome avaient déjà produit.

Mais aussi voilà ce que disait le gouvernement de Juillet, dans ses déclarations devant les Chambres et dans ses dépêches à l'Étranger.

Et cependant il n'était pas et il n'a jamais passé pour être un gouvernement clérical. Mais il écoutait la voix de l'Opinion publique, et il

se laissait exclusivement diriger par l'Intérêt de
la France.

Quinze années à peine nous séparent de cette
époque de notre histoire. Que d'analogies entre
ces temps et les nôtres! Et pourtant que de
dissemblances dans les actes et dans les paroles! Combien les leçons de cette histoire contemporaine sont oubliées de tous !

Enfin l'expérience personnelle fera peut-être
cette fois encore, comme elle a souvent fait,
ce que n'a pu faire l'expérience des autres. Si
l'Opinion publique a quelque peine à faire arriver sa voix jusqu'à l'oreille du Chef de l'État,
n'oublions pas que Lui-même a proclamé que
« l'Opinion publique remporte toujours la dernière victoire. » N'oublions pas surtout que
l'Intérêt de la France est resté toujours le mo-
bile dirigeant de la politique du gouvernement.

Et puis Napoléon 1er a dit un jour, alors
qu'il était Premier Consul : « L'institution qui
« maintient l'unité de la foi, c'est-à-dire le
« Pape, gardien de l'unité catholique, est une

« institution admirable. On reproche à ce chef
« d'être un *souverain étranger*. Ce chef est
« étranger en effet, et il faut en remercier le
« ciel. Quoi ! dans le même pays se figure-t-on
« une autorité pareille à côté du gouvernement
« de l'État ? Réunie au gouvernement, cette au-
« torité deviendrait le despotisme des sultans ;
« séparée, hostile peut-être, elle produirait une
« rivalité affreuse, intolérable. Le Pape est hors
« de Paris, et cela est bien : il n'est ni à Madrid
« ni à Vienne, et c'est pourquoi nous suppor-
« tons son autorité spirituelle. A Vienne, à Ma-
« drid, on est fondé à en dire autant. Croit-on
« que s'il était à Paris, les Viennois, les Espa-
« gnols consentiraient à recevoir ses décisions ?
« On est donc trop heureux qu'il réside hors de
« chez soi, et que, résidant hors de chez soi,
« il ne réside pas chez des rivaux, *qu'il habite*
« *dans cette vieille Rome*, loin de la main des Em-
« pereurs d'Allemagne, loin de celle des Rois de
« France ou des Rois d'Espagne, tenant la ba-
« lance entre les souverains catholiques.....
« *Ce sont les siècles qui ont fait cela, et ils l'ont*
« *bien fait* (1). »

---

(1) *Thiers. Le Consulat et l'Empire*. Livre XII.

Si M. Guizot, si M. Thiers, si Casimir Périer, si tant d'orateurs éloquents, tant d'habiles politiques ne sont plus écoutés aujourd'hui, la parole de Napoléon Ier du moins ne sera pas méconnue.

Que la France et l'Italie espèrent donc encore, dans le souvenir toujours présent de Napoléon Ier, et dans la sagesse des résolutions de Napoléon III.

Paris. — Imprimerie A. Lainé et J. Havard, rue des Saints-Pères, 19.